1. Auflage 2018
© Carl Ueberreuter Verlag, Wien 2018
ISBN 978-3-8000-7697-0

Alle Rechte vorbehalten. Das Werk darf – auch teilweise –
nur mit Genehmigung des Verlages wiedergegeben werden.

Covergestaltung: Saskia Beck, s-stern.com
Coverfoto: © Barbara Wirl, www.wirlphoto.at
Fotos im Innenteil: © Barbara Wirl, www.wirlphoto.at
Textgestaltung & Lektorat: Isabella Großschopf
Satz: Saskia Beck, s-stern.com
Druck und Bindung: Finidr s. r. o.

www.ueberreuter-sachbuch.at

Haftungsausschluss:
Die in diesem Buch enthaltenen Informationen und Ratschläge wurden von der Autorin sorgfältig recherchiert und geprüft. Eine Garantie kann dennoch nicht übernommen werden. Die Informationen und Ratschläge sind außerdem nicht dazu gedacht, die Beratung durch einen Arzt oder Therapeuten zu ersetzen, sofern dies angezeigt ist. Unter keinen Umständen ist die Autorin oder der Verlag für irgendwelche Schäden oder Verluste haftbar, die dem Leser dadurch entstehen könnten, dass er sich ausschließlich auf Informationen in diesem Buch verlässt. Eine Haftung der Autoren, des Herausgebers oder des Verlags ist ausgeschlossen.

Quellenverzeichnis:
Internet:
www.smarticular.net
www.Gartenratgeber.net
www.trachtenbibel.at
www.jahreskreis.at
Bücher:
„heute perfekter Haushalt" (Elisabeth Lust-Sauberer) Ueberreuter
So schmeckt das Weinviertel (Elisabeth Lust-Sauberer) Pichler Verlag
Mein Kräutererbe (Eunike Grahofer) Freya-Verlag
Die Kraft der Kräuter nutzen (Irene Hager, Alice Hönigschmid, Astrid Schönweger) Verlag Löwenzahn

Elisabeth Lust-Sauberer

MEIN HAUSBUCH

Gesammeltes Wissen für Küche, Garten, Haushalt
und Gesundheit

ueberreuter

Inhalt

Vorwort	8
Einleitung	10
Jänner	12
Brauchtum: Rund ums Räuchern	14
Hausapotheke: Schnupfen, Husten, Gelenkschmerzen	17
Putztipps: Flecken in der Tischwäsche	17
Schlankltage	19
Obst und Gemüse: Äpfel und Birnen, Vogerlsalat, Kohlsprossen, Winterspinat, Kraut Rezepte: Bratenaufstrich, Dinkelweckerl	20
Restekuchen, Omas Weinkoch	21
Februar	22
Brauchtum: Maria Lichtmess und Fasching	24
Obst: Der Apfel	24
Gemüse: Erdapfel, Topinambur und Pastinake	25
Im Garten: Frühkeimer, Lichtkeimer, Dunkelkeimer	25
Rezepte: Gebackene Apfelspalten, Heringssalat	26
Erdäpfelbrot	27
Putztipps: Schuhwerk im Winter	29
März	30
Brauchtum: Rund um Ostern	32
Im Garten: Beerengewächse	33
Obst, Gemüse und Kräuter: Apfel, Birne, Lauch, Pastinake und Gänseblümchen	34
Rezepte: Osterstriezel	35
Osterschinken	37
Wildkräuterknabberei, Brennnesselcremsuppe	38
Meine Hausapotheke: Essigpatscherl	42
Putztipps: Was tun bei Fettflecken? Putzen mit Holzasche	42

Inhaltsübersicht

April	44
Im Garten: Erste Ernte (Rhabarber, Spargel, Bärlauch, Löwenzahn)	46
Rezepte: Spargelcurry, Rhabarberkuchen	48
Schinkenkipferl	49
Meine Hausapotheke: Ohrenschmerzen	50
Putztipps: Fensterputzen leicht gemacht	51
Mai	52
Brauchtum: Muttertag, Christi Himmelfahrt und Pfingsten	56
Obst und Gemüse: Kirschen, Radieschen, Salat, Spinat	57
Im Garten: „Die Eisheiligen"	58
Rezepte: Waldmeistersirup (Hollerblütensirup)	58
Kräuterbutter, Spinatknödel	62
Muschelbrot	63
Meine Hausapotheke: Alleskönner Ringelblume	64
Putztipps: Backrohr und Trinkgläser	64
Juni	68
Brauchtum: Fronleichnam & Sommersonnenwende	70
Im Garten: Säen und Ernten	71
Obst, Gemüse und Kräuter: Beeren, Frühkartoffel Brennnessel (Brennnesseljauche), Vogelmiere	75
Meine Vorratshaltung: Kräutersirup	75
Rezepte: Wildkräutersirup, Kräutersirup, Himbeeressig	76
Himbeersirup, Himbeergelee mit Orangenlikör	77
Putztipps: Flecken entfernen, Putzen der Nassräume	78
Juli	80
Brauchtum: Hochzeit	82
Im Garten: Richtiges Gießen, Obst und Gemüse	83
Rezepte: Wildkräuterquiche, Topfen-Fruchtschnitte	86

Marillenkompott	88
Meine Vorratshaltung: Tipps zum Einkochen und Einwecken	88
Putztipps: Rund ums Bad	90
Meine Hausapotheke: Insektenstiche behandeln	91

August

Brauchtum: Kräuterweihe	94
Im Garten: Tipps zum nahenden Ende der Gartensaison	95
Obst, Gemüse und Kräuter im August	95
Rezepte: Überbackener Erdäpfel-Zucchini-Auflauf, Topfenknöderl	98
Gefüllte Melanzane	99
Meine Vorratshaltung: Süß-sauer eingelegte Früchte	99
Rezepte: Weinviertler Essigzwetschken, Oxymel (Sauerhonig)	100
Meine Hausapotheke: Doktor Erdapfel	101
Putztipps: Gartenmöbel, Kerzenreste, Grillrost	102

September

	104
Brauchtum: Almabtrieb, Dirndl-Sonntag	104
Im Garten: Beerensträucher; Pflanzen, Setzen und Säen	106
Rezepte: Topfenschmarrn	109
Hollerkoch	110
Gefüllte Paprika mit Paradeis-Sauce	112
Meine Vorratshaltung: Eingelegtes Gemüse und Kräuter	112
Meine Hausapotheke: Hilfe bei Erkältungen	113
Putztipps: Hilfe gegen Motten	114

Oktober

	116
Brauchtum: Erntedank, Altweibersommer, Nationalfeiertag, Lostage	118

Inhaltsübersicht

Im Garten: Vorbereitungen für den Winter	120
Rezepte: Kichererbsenaufstrich, Kürbiskuchen, Käselaibchen	121
Meine Vorratshaltung: Einlegen in Salz, Suppenwürze	122
Meine Hausapotheke: Tipps für die kalte Jahreszeit	124
Putztipps: Alles für den Fußboden	126

November 128

Brauchtum: Allerheiligen, Martini, Federnschleißen	131
Im Garten: Das Ende der Gartensaison	134
Rezepte: Martini-Gansl	135
Erdäpfelknödel, Mohnstrudel	136
Pikantes Surschnitzerl, Nudeln mit Kürbis-Paprikasauce	137
Meine Hausapotheke: Haarpflegetipps	138
Putztipps: Silber reinigen	138

Dezember 140

Brauchtum: Rund um die Weihnachtszeit	142
Rezepte: Lebkuchen, Früchtekranz	148
Vanillekipferl, Spritzbäckerei	151
Meine Vorratshaltung: Früchte dörren	152
Rezept: Rotweinlikör	153
Meine Hausapotheke: Tipps gegen Kälte, trockene Lippen und raue Hände	153
Meine Hühnersuppe	154
Putztipps: Der Weihnachtsputz	156

Meine Lieblings-Helferleins im Haushalt	158
Meine kleine Kräuterfibel	160
Freundliche Nachbarn im Garten	164
Danke	166

Liebe Leserinnen, liebe Leser,

als Bäuerin und Mutter ist und war es mir immer wichtig, im Kreislauf mit der Natur zu leben.

Ich hatte großes Glück: Mein Schwiegervater hat mich in die Welt der Kräuter schnuppern lassen. Durch meine Ausbildung zur Kräuterpädagogin konnte ich dieses Wissen weiter vertiefen. Meine Eltern zeigten mir und lehrten mich die Natur und deren Schätze zu achten und sorgsam damit umzugehen. Früher sprach man nicht soviel von Nachhaltigkeit, aber ich denke, man hatte es im Gespür, mit den wenigen Dingen bewusst und sorgsam umzugehen. „Lutschituch" (Schmalzfleck) oder die Ringelblumensalbe, immer wenn ich das meinen Kindern gegeben habe, dachte ich an meine Mutter und ihre Hausapotheke. Ich erinnere mich noch an den Weihnachtsputz bei mir zu Hause: der Holzboden wurde mit Asche gereinigt, die Fenster mit Wasser und höchstens einem Spritzer Spiritus geputzt und die Zwiebel war immer griffbereit, ob für Schneeränder an den Schuhen oder für den Hustentee.

Das Gartln im Frühjahr, die ersten Radieschen ernten, das Wintergemüse im Keller bevorraten und die selbst geernteten Erdäpfel verkochen – vom Säen bis zum Genießen – schon ein Glück auf dem Land leben zu dürfen. Als Seminarbäuerin durfte ich in Rundfunk und Fernsehen viele Tipps und Tricks weitergeben. Einiges haben ich auch von Sehern und Hörern gelernt – ein großes Danke dafür!

Feste und Traditionen zu leben ist und war ein wesentlicher Bestandteil bei mir zu Hause. Wir freuen uns, wenn Oma den Allerheiligenstriezel bringt, wenn in unserem Ort der Maibaum steht oder wenn wir alle den Erntehahn genießen dürfen.

Ihr wisst nicht was ein Erntehahn ist oder warum ein Maibaum im Ort steht? – Nehmt „Mein Hausbuch" und macht mit mir einen Spaziergang durchs Jahr.

Mein Hausbuch gibt einen Einblick in die Arbeiten und Freuden rund ums Jahr. Es ist eine Sammlung voller Tipps rund um Haushalt, Garten und überliefertes Brauchtum. Oft fühlt man sich in die eigene Kindheit zurückversetzt und erinnert sich, wie man es selbst erlebt oder gelebt hat. Wir müssen diese Erfahrungen und Traditionen weitergeben, denn nur so können wir das Feuer für die nächste Generation erhalten.

Eure

"Die Pflege von Traditionen ist nicht einfach ein stures Festhalten an Altem – es ist nicht das Aufbewahren von Asche, sondern das Aufrechterhalten einer Flamme."

JÄNNER

Der erste Monat im Jahr erscheint vielen Menschen über die Maßen lang zu sein. Eben erst haben wir uns zu Weihnachten üppig verausgabt und überhaupt – draußen ist es eiskalt, der Frühling gefühlt noch in weiter Ferne und am liebsten möchten wir jetzt einfach nur auf der Couch herumliegen. Dabei ist, wie ich meine, gerade der Jänner ein sehr ergiebiger Zeitraum, in dem es viel zu tun gibt. Da wären zum einen die Flecken in der Tischwäsche, die es zu entfernen gilt: Wachsflecken von den Kerzen und der ein oder andere Weinfleck, der zwar vom geselligen Beisammensein zeugt, aber trotzdem weg muss. Das Obst der Saison sind Apfel und Birne. Und überdies sollten wir wertvolle Lebensmittel nach den Feiertagen nicht verschwenden. Mein schneller Resteguglhupf lässt auch die Weihnachtskekse, die keiner mehr mampfen konnte, in etwas Zauberhaftes verwandeln. Und dann wäre da ja auch noch das Räuchern, mit dem wir schon im Dezember begonnen haben und dies gleich in der Neujahrsnacht noch einmal machen. Sicher ist sicher...

RÄUCHERN:

Die Rauhnächte waren bei unseren Vorfahren heilige Nächte. In diesen Nächten wurde möglichst nicht gearbeitet, sondern gesellige Zeit mit der Familie verbracht. Das alles beginnt, wie erwähnt, bereits im Dezember. Aber weil Sie, werte Leserinnen und Leser, nun erst am Anfang dieses Buches stehen, und bis zum Dezember noch weit blättern müssten, möchte ich dieses Kapitel vorziehen. Die Rauhnächte ziehen sich von 24. Dezember bis 5. Jänner: Es gibt also zwölf Rauhnächte. Die Alten benutzten jede dieser Nächte für einen Monat des kommenden Jahres zum Deuten und Orakeln.

Man beobachtete alles: Das Wetter, wie das Essen geschmeckt hat, ob gestritten wurde oder ob es friedlich zuging. Dann gab es besondere Tage, wie den 28. Dezember und den 5. Jänner. Diese Tage waren geeignet, alles wieder aufzulösen und vor allem zu erlösen. Angenommen, man hatte die ersten drei Tage nur Streit, das Wetter war grauenvoll usw., dann hatte man am 28. Dezember, dem Tag der unschuldigen Kinder, die Möglichkeit, alles wieder gut zu machen. Das Gleiche konnte man am Ende auch noch einmal machen, also am 5. Jänner. Darum wurden diese Rauhnächte vorsichtig und wachsam begangen, weil sie das ganze kommende Jahr in sich bargen und jeder dafür verantwortlich war, wie er die Weichen stellte…

www.bauernregeln.net

Binde deine eigenen Räucherbündel oder Räuchersticks:

Beim Binden verwende ich jene Kräuter, die bei uns in der Region wachsen und für die wir sehr dankbar sind. Je nach Gegend gibt es also verschiedene Kräuter. Man geht hier von der Ziffer 7 aus. Das heißt, pro Büscherl mindestens sieben Kräuter. (Wichtig ist es, dass sie am 15. August geweiht, und erst danach zum Trocknen aufgehängt werden.) Nach der feierlichen Weihe werden die Gewürzbuschen verschiedenartig verwendet: Viele geben diesen nur in den Herrgottswinkel oder machen daraus Tee. Andere hängen sie im Stall auf und füttern sie am Heiligen Abend an die Tiere. Es soll das Vieh gesund erhalten und beschützen. Glaubt man nicht so an diese Kraft, dann ist es einfach etwas Natürliches und Schönes für zu Hause.

Geeignete Wildkräuter:

Hier eine kleine Übersicht der geeigneten Wildkräuter und einige ihrer Wirkungen:

- **Beifuß** (reinigend, schützend, entspannend, beruhigend, stärkt die Lebenskraft)
- **Eisenkraut** (heilige Mysterienpflanze, schützend, für Reichtumsräucherungen, Visionen fördernd)
- **Goldrute** (durchlichtend, schützt vor schweren Energien, wärmend, für Dankbarkeits-Räucherungen)
- **Johanniskraut** (beruhigend, entspannend, hilft zu vertrauen, weckt die Lebensgeister)
- **Kamille** (aufbauend, beruhigend, erdend, schützend, wärmend, fördert Geborgenheit)
- **Königskerze** (reinigend, hilft Spannungen, bei Streit oder Elektrosmog, abzubauen)
- **Lavendel** (ausgleichend, belebend, beruhigend, erfrischend, klärend, reinigend, verbindend)
- **Lorbeer** (reinigend, schärft die Sinne, fördert übersinnliche Wahrnehmungen, unterstützt die Traumerinnerung)
- **Mädesüß** (besänftigt, richtet auf, stimmt freundlich, tröstet, unterstützt Neuanfänge)
- **Mariengras** (Heilung unterstützend, reinigend, fördert Leichtigkeit, Heiterkeit und Loslassen)
- **Melisse** (entspannend, nervenberuhigend, schützend, stimmungsaufhellend)
- **Myrte** (klärend, reinigend, bei Angst und Verzweiflung, für Meditationen)
- **Pfefferminze** (entspannend, erfrischend, klärend, regt zum Handeln an)
- **Salbei** (klärend, reinigend, stärkend, wehrt schwere Energien ab)
- **Schafgarbe** (die feminine Seite stärkend, mit dem wahren Wesen verbindend)
- **Thuja** (erlösend, reinigend, um alte Schmerzen zu lösen)
- **Thymian** (aufbauend, erfrischend, klärend, konzentrationsfördernd, mutmachend)
- **Wacholder** (erdend, klärend, konzentrationsfördernd, reinigend, schützend, stärkt die Lebensenergie)
- **Wermut** (anregend, fördert das Denken, öffnet den Geist, schützend, Sinnlichkeit anregend)
- **Ysop** (klärt den Geist, konzentrationsfördernd, reinigend, segnend, unterstützt das Lösen von Schuldthemen)
- **Zeder** (entspannend, fördert Wohlstand, reinigend, versöhnend)

Die Kartoffelwiege. Gott sei Dank gibt es sie wieder im Handel zu kaufen, denn meine Oma hat diese schon gehabt - sie wird statt der Kartoffelpresse verwendet, aber ich finde, sie ist viel besser und leichter zu reinigen.

Sehr hilfreich bei Schnupfen: die **Krenkette**.

MEINE HELFERLEINS FÜR DIE HAUSAPOTHEKE:

Vorallem im Winter rinnt schon mal die Nase und wir klagen über Schnupfen. Ein wunderbares Hausmittel dagegen ist der **Kren**. Seine antibiotische Wirkung regt das Immunsystem an und sorgt für Desinfektion im Mund- und Rachenraum. Die meisten Wirkstoffe hat Kren übrigens, wenn er in den Monaten mit „r" geerntet wird. Uns hat bei Schnupfen immer herrlich eine **Krenkette** geholfen. Dazu schneidet man den Kren in Scheiben und reiht diese auf einen Faden. Um den Hals hängen und wirken lassen – aber bitte nicht auf der nackten Haut. Das könnte Reizungen ergeben! Weiters sollte die Krenkette NICHT bei Säuglingen verwendet werden, da sie zu scharf ist.

Auch die **Zwiebel** zählt zu meinen Lieblingen, wenn's um Schnupfen geht: Eine aufgeschnittene Zwiebel am Nachttisch wirkt wahre Wunder, weil sie die Nase wieder frei macht.

Gegen lästigen Husten und Gelenkschmerzen bereite ich gerne einen **Erdäpfelwickel** zu. Geht ganz einfach: 2-3 gekochte Erdäpfel zerdrücken, und danach auf ein Tuch und ein Küchenrollenpapier legen. Ein zweites Küchenrollenpapier darüber geben und dann die Brust oder die schmerzende Stelle mit dem Tuch fest einwickeln. Aber Vorsicht: Die Erdäpfel sollten nicht zu heiß sein!

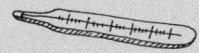

PUTZTIPPS:

Wie entferne ich Flecken in der Tischwäsche?
Wenn **Rotwein** verschüttet wurde, saugen Sie ihn sofort mit Küchenrollenpapier auf und gießen Sie kohlensäurehaltiges Mineralwasser darüber. Waschen Sie die Tischwäsche anschließend mit Vollwaschpulver, geben Sie eventuell etwas Flüssigbleiche (z.B. Natriumchlorid) hinzu.
Bitte die Flüssigbleiche nie auf trockene Wäsche geben. Wann immer Sie Flüssigbleiche einsetzen: möglichst sofort waschen.
Wachs wird hart und lässt sich dann oft schon einfach vorsichtig abschaben.

Versuchen Sie nie, flüssiges Wachs abzuwischen, sondern lassen Sie es immer zuerst trocknen. Ausschließlich für weiße Wäsche empfehle ich die Bügelmethode. Legen Sie ein Löschblatt oder ein Stück Küchenrollenpapier auf den Wachsfleck. Fahren Sie vorsichtig und nur mit der Spitze Ihres Bügeleisens bei niedriger Temperatur über das Papier. Das Wachs wird vom Papier aufgesaugt. Achten Sie darauf, dass Sie immer auf einer sauberen Unterlage bügeln. Danach reiben Sie die Stelle mit Gallseife ein und waschen die Wäsche mit Vollwaschmittel in der Maschine.

Neben dem Räuchern gibt es noch einen Brauch, der mir besonders gut gefällt:

DIE SCHLANKLTAGE:

Zwischen Weihnachten und dem Dreikönigstag ruhte die Arbeit auf den Bauernhöfen. Knechte und Mägde verbrachten diese Zeit zu Hause bei ihren Familien. Auch wir Weinbauern legten eine Pause ein und trafen in den Kellern zusammen, um den neuen Wein (damals war das eben zu einem späteren Zeitpunkt als heute) zu verkosten und das alte Jahr gebührend zu verabschieden. Auch heute treffen sich viele, entweder in ihren Weinkellern oder einfach zu Hause, um mit Bekannten und Freunden das alte Jahr Revue passieren zu lassen oder sich einfach wieder Zeit für das Gemeinsame zu nehmen. Wie gut, dass es die Schlankltage gibt!

OBST UND GEMÜSE IM JÄNNER:

Wie eingangs erwähnt, sollten natürlich auch im Jänner die Vitamine nicht zu kurz kommen: Hier eignen sich herrlich die Äpfel und Birnen. Mein Opa hat es zum Beispiel geliebt, einen **Apfel** gemeinsam mit einem Schmalzbrot zu essen. Die Sorte Golden Delicious gilt als wunderbarer Winterapfel, weil er sich gut lagern lässt. Dabei sollten Sie beachten, dass die Lagertemperatur zwischen 2 und 5 Grad beträgt. Und unbedingt getrennt von anderen Obst- oder Gemüsesorten aufbewahren. Denn das Reifegas Ethylen der Äpfel verträgt sich nicht so gut mit den anderen Obstsorten. Einfrieren sollte man den Apfel bitte nur in verarbeiteter Form. Die **Birne** wiederum hat einen sehr geringen Säuregehalt und ist besonders druckempfindlich. Sie sollte im Kühlschrank gelagert werden.

Ernte im Garten:
Vogerlsalat, der im Herbst (August, September) angebaut wurde, kann bei frostfreiem Wetter schon geerntet werden. Auch **Kohlsprossen** werden nach dem ersten Frost geerntet, da ist der Geschmack besonders stark. Lagern lassen sich diese nicht.
Auch der **Winterspinat** kann jetzt geerntet werden.
Als wichtiges Wintergemüse darf selbstverständlich das **Kraut** nicht fehlen. Doch woran kennt man wirklich gute Qualität? Die Außenblätter müssen glatt und glänzend sein und dürfen auf Druck nicht nachgeben.

MEINE LIEBLINGSREZEPTE:

Wer kennt das nicht – nach den Feiertagen bleiben regelmäßig köstliche Speisen oder Kekse übrig. Diese lassen sich auch noch im Jänner blendend verarbeiten. Hier ein paar Vorschläge von mir zur Verwertung von Resterln:

BRATENAUFSTRICH:

Zutaten:

ca 150 g Bratenreste
(vom Braten, Gans, Hendl...)
40 g weiche Butter
125 g Sauerrahm
klein geschnittene Gurkerl
Senf, eventuell Kren
Knoblauch und gehackte Petersilie

Anleitung:

Bratenreste im Cutter cuttern oder mit dem Messer klein schneiden und mit den anderen Zutaten vermengen. Gut und würzig abschmecken.

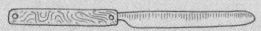

SCHNELLE DINKELWECKERL:

Zutaten:

250 g Dinkelvollkornmehl
250 g Topfen
1 Ei
1 Prise Backpulver
1 TL Salz
1 TL Brotgewürz
ca 100 ml Buttermilch

Anleitung:

Alle Zutaten rasch zu einem Teig kneten, eine Rolle formen und mit einer Teigkarte 2-3 cm dicke Scheiben abstechen. Die Breitseite in Wasser und danach in Körner (z.B. Kürbis- oder Sonneblumenkerne oder auch in Flocken) tauchen und auf ein mit Backpapier belegtes Blech legen. Bei 180 Grad im vorgeheizten Rohr backen.

RESTEKUCHEN:

Zutaten:

80 g Butter
150 g fein geriebene ungefüllte Kekse (z.B. Vanillekipferl)
4 Eier
30 g Zucker
80 g Dinkelmehl
60 g gehackte Schokolade
eventuell gehackte Trockenfrüchte

Anleitung:

Form ausfetten und ausbröseln, Butter, Zucker schaumig und nach und nach die Eier einrühren. Keksbrösel, Schokolade und Mehl untermengen, in die Form geben und im vorgeheizten Backrohr bei 160 Grad Heißluft backen.

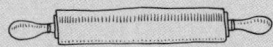

OMAS WEINKOCH (WEINCHAUDEAU):

Zutaten:

250 ml Weißwein
120 g Zucker
4 Eigelb
1 ganzes Ei

Anleitung:

Alle Zutaten mischen und über Dunst sehr dickschaumig schlagen (dauert ca 10 Minuten). Das hat uns Oma immer gemacht und mit Biskotten serviert.

FEBRUAR

Am 2. Februar feiern wir Maria Lichtmess, damit ist die Weihnachtszeit offiziell beendet. Jetzt heißt es, die Weihnachtskrippe abzubauen und den Christbaum - sollte er noch stehen - aus Wohnung oder Haus zu entfernen. Ab Maria Lichtmess (früher: Mariä Reinigung, "februare" für lat. reinigen) werden die Tage spürbar länger. Die Tiere beginnen aus dem Winterschlaf zu erwachen, und es zeigen sich die ersten Schneeroserln und Schneeglöckchen.
Mit dem Fasching beginnt eine lustige Zeit, die mit vielen bunten Bräuchen und Traditionen, sowie mit ganz typischen Gerichten - z.B. dem leckeren Faschingskrapfen oder dem Heringssalat - einhergeht. Gleich erzähle ich Ihnen mehr davon!

BRAUCHTUM:

MARIA LICHTMESS:

Zu Maria Lichtmess lässt sich alles Alte sehr gut loslassen. Alleine oder im Freundeskreis: Sie nehmen zum Beispiel ein Kleidungsstück, das für ein unangenehmes Thema aus der Vergangenheit steht, oder ein Blatterl Papier, auf das Sie etwas aufschreiben, von dem Sie sich unbedingt trennen möchten. Zuerst wird im Haus oder in der Wohnung mit Weihrauch oder einer Salbei-Beifuß-Mischung geräuchert, dann der ausgewählte Gegenstand - sofern das möglich und ungefährlich ist - feierlich verbrannt und freundlich ins helle Licht verabschiedet. Und Tschüss!
Das funktioniert übrigens auch, wenn der Gegenstand in einen Müllsack gegeben und feierlich entsorgt wird...
Wenn Sie dann noch Zeit haben, aus dem Fenster zu schauen, können Sie sich folgende Bauernregel zu Herzen nehmen: „Wenn's zu Lichtmess stürmt und schneit, ist der Frühling nicht mehr weit!" Na bitte.

Quelle: www.enjoyliving.at

Zum Februar gehört natürlich auch der
FASCHING:

Schon meine Oma hat am Faschingssamstag immer Krapfen gebacken und auch meine Familie wartet jedes Jahr wieder sehnsüchtig darauf. Früher war das eine Tagesarbeit, bei der die Tür keinesfalls geöffnet werden durfte. Schmalz oder Butterschmalz musste es sein, und es war wichtig, dass unser Krapfen ein schöneres Randl hatte als jener der Nachbarin.
Bei den Faschingsumzügen war es immer wieder schön, die vielen verkleideten Kinder zu sehen, die im Ort von Haus zu Haus gingen. Heute gibt es leider zumeist nur noch große, unpersönliche Umzüge.

OBST IM FEBRUAR:

Auch hier ist das eindeutig der Apfel für mich. Eine der wenigen Obstsorten, die das ganze Jahr aus heimischer Ernte erhältlich sind. Ich denke auch immer an die Worte meines Schwiegervaters: Ein Apfel jeden Tag erspart dem Doktor viel Müh und Plag. Die Hefen des Apfels sind eine Wohltat für unseren Darm und helfen uns durch den Fruchtzucker, die Darmbakterien wieder mit Nährstoffen zu versorgen.

GEMÜSE IM FEBRUAR:

Erdäpfel gehen immer. Ob speckig, mehlig, rotschalig, oder goldgelb - das Angebot der österreichischen Erdäpfel ist groß und von bester Qualität.

Aber auch **Topinambur** mag ich gern. Die Pflanze gibt es schon seit dem 17. Jahrhundert und sie ist bekannt dafür, dass sie die Bauchspeicheldrüse anregt. Topinambur ist dem Erdapfel zwar ähnlich, zählt mit ihrer wunderschönen goldgelben Blüte allerdings zu den Sonnenblumengewächsen. Ob als Suppe oder Gemüsegericht - es schmeckt super!

Und auch die **Pastinake** gehört zu meinen Favoriten. Die Wurzel ist gut lagerfähig. Da nach den ersten Frösten die Pastinake noch besser schmecken soll (ein Teil der Stärke wird in Zucker umgewandelt), kann das Wurzelgemüse länger im Garten und in der Erde bleiben. Es sei denn, man hat Wühl- oder Feldmäuse, dann sollte man bereits im Spätherbst ernten.

Sollten Sie **Schnittlauch** gesät haben – er zählt zu den ersten Kräutern, die im Garten oder am Balkon zu schneiden sind. Ähnlich wie Gras, wächst er nach dem Schneiden wieder nach. Der erste Schnitt ist meistens Ende Februar und der zarteste. Am besten Sie schneiden ihn bei einer Länge von 10-15 cm wieder nach.

Tipp: Immer ein Drittel der Länge stehen lassen, er wächst dann schneller nach.

IM GARTEN:

Jetzt kann mit dem Frühkeimen begonnen werden. Frei nach dem Sprichwort: *„Schon nach Lichtmess spitzt der Garten die Ohren"*.

Tipp: Hat man vom Vorjahr noch Samen und möchte diese verwenden, bitte eine Keimprobe machen. Küchenrolle in Teller oder Untersetzer legen und ca 10 Samenkörner auslegen und gleichmäßig feucht halten. Nach ca 7 bis 10 Tagen sieht man die Keimfähigkeit.

Lichtkeimer, wie z.B. **Basilikum**, **Thymian** oder **Salat**, die auch am Fensterbrett gerne angebaut werden, nicht mit Erde bedecken, sondern vor dem Gießen nur fest andrücken.

Dunkelkeimer, wie z.B. **Petersilie**, **Schnittlauch** oder **Gurke**, müssen hingegen gut mit Erde bedeckt werden. Wird schon im Freien gepflanzt, dann verwenden Sie bitte unbedingt ein Frostschutzvlies!

MEINE LIEBLINGSREZEPTE:

Was wäre der Februar ohne Apfelspalten oder Heringssalat? Eben. Aber auch das Erdäpfelbrot liebe ich.

GEBACKENE APFELSPALTEN:

Zutaten:

Äpfel
30 g Kristallzucker
Zimt
Zucker
200 g glattes Mehl
¼ l helles Bier
2 Eidotter
2 Eiklar
40 g zerlassene Butter
1 Prise Salz
Am besten Butterschmalz
zum Ausbacken verwenden

Anleitung:

Mehl, Bier und Dotter zu einem glatten Teig rühren. Butter, Salz und Zucker untermengen und zuletzt das mit Zucker aufgeschlagene Eiklar unterheben. Äpfel in 1 cm dicke Scheiben schneiden, mit Zimtzucker bestreuen, durch den Backteig ziehen und im heißem Fett goldgelb ausbacken.

HERINGSSALAT:

Zutaten:

ca 750 g gekochte
festkochende Erdäpfel
3 Äpfel
1 Glas Russen mit Zwiebel
4 Essiggurkerl
1 kleine Dose weiße Bohnen
3-4 Eier zum Garnieren
eventuell 2 gekochte rote Rüben
Marinade: 1 Becher Sauerrahm
125 ml Mayonnaise, Schnittlauch, Salz
Pfeffer, Senf und etwas Zucker
Zitronensaft

Anleitung:

Erdäpfel, Äpfel, Gurkerl und eventuell rote Rüben in Würferl schneiden.
Die Russen und die Zwiebel klein schneiden und alles mit den Bohnen vermengen. Für die Marinade alles abrühren und mit dem Salat mischen.

ERDÄPFELBROT:

Zutaten:

500 g Roggenmehl
300 g Weizenmehl (Typ 700)
200 g gekochte, passierte Erdäpfel
400 g Sauerteig
(ersatzweise ¼ l Sauermilch)
20 g Salz
20 g Germ
30 g Schmalz
Butter oder Öl
Brotgewürz
ca 500 ml lauwarmes Wasser

Anleitung:

Rohr und Blech auf 230 Grad aufheizen. Alle Zutaten mit den lauwarmen Erdäpfeln zu einem Teig verkneten (ca 3 Minuten). Danach ca 20 Minuten aufgehen lassen – dann nochmals zusammenschlagen und durchkneten. Teig halbieren, formen oder in ein mit Roggenmehl bestaubtes Simperl (das ist ein Gärkörbchen oder flacher Brotkorb) geben – zudecken und nochmals gut 20 Minuten gehen lassen. Teig aufs warme Blech geben, mit Wasser besprühen, mit Roggenmehl bestauben und mit Dampf (von am besten 3 Eiswürferln) bei 230 Grad ca 10 Minuten anbacken, danach bei 180 Grad fertig backen.

PUTZTIPPS:

Im Winter wird unser Schuhwerk besonders strapaziert – das Streuen von Salz bei Glatteis führt unweigerlich zu lästigen Rändern. Dicke Socken sorgen meist nicht für Rosenduft im Schuh und überhaupt – wie reinige ich meine Lieblingsschuhe effizient und schonend?

Schnee- und Streusalzränder:
Schuhe idealerweise immer vor Benützung imprägnieren.
Mein Erfolgsrezept bei Rändern lautet Zwiebel. Ich reibe einfach mit der Schnittfläche einer Zwiebelhälfte über die unschönen Ränder. Die Zwiebelsäure beseitigt sie restlos.
Wenn Sie solche Ränder sofort behandeln, reicht es oft schon, den Schuh unter fließendem lauwarmen Wasser großflächig abzuwaschen.

Schweißfüße:
Bitte niemals Schuhe aus Synthetik tragen! Lederschuhe können Sie von Zeit zu Zeit in der Maschine waschen. Verwenden Sie Baumwolleinlagen, die Sie oft waschen bzw. wechseln können. Lassen Sie Ihre Schuhe besonders nach dem Tragen bei Feuchtigkeit und Nässe immer gut trocknen. Wischen Sie den Schuh innen hin und wieder mit Spiritus-Wasser-Lösung aus.
Bei nassen Schuhen, aber auch bei Schweißschuhen, verwenden Sie Katzenstreu. Füllen Sie sie direkt in den Schuh oder in einen Socken, den Sie in den Schuh stecken. Über Nacht einwirken lassen.

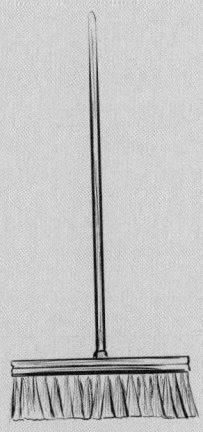

MÄRZ

Ich liebe den März! Bei uns sagt man: Ab jetzt trägt der Weißstorch den Frühling ins Land. Oft fällt auch Ostern in diesen Monat. Dem voran geht die Fastenzeit, in der wir uns innerlich reinigen sollen. Entschlackung ist angesagt. Dafür habe ich herrliche Rezepte. Apropos Reinigen: Auch unser Heim braucht wieder einmal neuen Schwung: Dazu eignet sich hervorragend ein Osterputz! Und überhaupt – es gibt wunderbare Bräuche rund um dieses magische Fest.

ALTES WISSEN ZU OSTERN:

Ostern ist neben Weihnachten nicht nur für uns Christen ein großes Fest. Die Natur erwacht und endlich werden die Tage wieder spürbar länger.

An welchem Tag Ostern gefeiert wird, bestimmt übrigens der Mond: Es ist das erste Wochenende nach dem ersten Frühlingsvollmond; also frühestens der 22. März und spätestens der 25. April.

Die Osterzeit beginnt mit einer 40-tägigen Fastenzeit. Am **Aschermittwoch**, dem Tag nach dem Faschingsdienstag, beginnt die Fastenzeit. Die Woche vor Ostern ist die Karwoche, sie beginnt mit dem **Palmsonntag**.

Als ich noch ein Kind war, durften wir am Palmsonntag immer mit Mamas gebundenen Palmbuschen, der in buntes Krepp-Papier gewickelt und mit Buxbaumgrün geschmückt war, in die Kirche zum Weihen gehen.

Auch heute schenke ich meinen Kindern einen geweihten **Palmzweig**, der dann im Herrgottswinkel seinen Platz findet.

Am Gründonnerstag feierte Jesus das letzte Abendmahl: Eine traditionelle Speise für diesen Tag ist noch immer Spinat mit Spiegelei - oft freue ich mich da schon auf den ersten Bärlauch!

Am **Karfreitag** wird an den Tod Christi gedacht. Es ist bei uns noch immer ein strenger Fasttag: Kein Fleisch, keine Mehlspeise. Von zu Hause übernommen gibt es bei uns an diesem Tag Erdäpfel mit Butter.

Am **Karsamstag** stehen bei uns auch die Männer der freiwilligen Feuerwehr in der Kirche beim Heiligen Grab Wache.

In der Nacht von Karsamstag auf Ostersonntag wird die „Kirchliche Auferstehungsfeier" zelebriert. Die Osterfeier beginnt mit einer Lichterfeier und der Weihe des Osterfeuers und der Osterkerze. In der Osternacht läuten auch die Glocken - es heißt: Die Glocken sind aus Rom wieder zurückgekommen.

Vom **Gründonnerstag** bis zu dieser Zeit gehen die Ratscher stolz durch die Orte. Neben dem Ratschn wird auch der Ratschergruß gesungen *„Wir ratschn mit Ratschn den englischen Gruaß, den jeder katholische Christ beten muaß. Kniet´s nieder auf eure Knie, bet`s drei Vaterunser und drei Avemarie."*

Schon mein Mann hat seine Ratschn mit seinem Vater gebaut und diese durften dann meine Kinder verwenden. Am Nachmittag des Karfreitags dürfen die Ratscher von Haus zu Haus gehen, wo sie Eier und Naschereien bekommen.

Am **Karsamstag** freuen wir uns auf die Speisenweihe. In dem sogenannten Weihkorb, gefüllt mit Eiern, Kren, Pinzen, Geselchtem, Brot und Wein und zugedeckt mit der Weihdecke, wird dieser Korb zum Weihen in die Kirche mitgenommen. Die Freude ist bei jedem groß, wenn wir uns dann gemütlich zusammen setzen und nach dem Fasten die Köstlichkeiten vom Hof genießen.

Die Weihdecke hab ich von meiner Mama bekommen und auch ich habe meinen Kindern schon eine selbstgestickte Weihdecke mit auf den Weg gegeben.

Das Ei ist das Symbol des Lebens und der Fruchtbarkeit. Im Winter haben die Hühner eine Legepause (meine Oma hat ihnen immer Brennnesselsamen gegeben, dann konnte man diese Pause etwas verkürzen, siehe auch Seite 125).

Im Frühling fangen sie wieder brav zu legen an. Von da her kommt - so glaubt man - das Eiersuchen. Die Hühner waren unterwegs auf der Wiese und man musste die Eier suchen. Früher wurden in der **Fastenzeit** keine Eier gegessen. Um diese haltbar zu machen, wurden sie gekocht und gefärbt, meist natürlich mit Pflanzenfarben. Auch wir färben die Eier noch am liebsten mit Zwiebelschalen oder mit den ersten Kräutern, welche mit dem Ei in einen Strumpf gesteckt werden, fest gebunden und dann zum Beispiel in Zwiebelschalen gekocht werden.

Dieses **Eiersuchen** war immer ein besonderes Erlebnis für meine Schwester und mich: Mit großen Körben durften wir zu Nachbarn, Bekannten und Freunden gehen und auch dort Osternesterl suchen. Der Begrüßungssatz war: Wir bitten um ein rotes Ei. Unsere Freude war groß, wenn der Korb voll war. Die nächsten Tage gab es dann auch Eiaufstrich zur Jause und zu Mittag: Saure Eier mit Semmelknödel - einfach herrlich!

Auch das **Osterfeuer** ist ein noch immer schöner Brauch - es soll das endgültige Austreiben des Winters sein und man hoffte auf gute Ernte im kommenden Jahr. Bei uns Christen soll es auch an die Auferstehung erinnern.

Am **Ostermontag** werden gerne Verwandte besucht und viele Kinder erhalten von ihrem Paten ein Gebildebrot wie zum Beispiel Osterstriezel oder Osterbrez'n.

ERNTE IM GARTEN:

Wenn die Erde abgetrocknet ist, das heißt, wenn sie auf den Schuhsohlen nicht mehr klebt, kann man mit der Beet-Vorbereitung beginnen und frische Kräuter pflanzen. Hier eignen sich zum Beispiel gut Schnittlauch oder Petersilie. Jetzt darf auch der Schnitt bei den Beerengewächsen erfolgen: Brombeeren, die im letzten Jahr getragen haben, werden jetzt bodeneben abgeschnitten.

Ribiseln tragen am besten am 2- und 3-jährigen Holz. Alle älteren Triebe bitte wegschneiden.

Sommertragende Himbeeren tragen an den 2-jährigen Trieben, daher die abgetragenen bitte abschneiden. Auch Rosen werden jetzt zurückgeschnitten!

Herbsthimbeeren wie z.B. Autum Bliss werden bodeneben abgeschnitten.

Tipp: Beeren, die im Herbst geerntet werden, werden im Herbst geschnitten, am besten bodengleich (ich mache das gleich mit dem Rasenmäher). Bei Himbeeren, die ich im Sommer ernte werden die alten Triebe im März geschnitten.

OBST UND GEMÜSE IM MÄRZ:

Auch hier empfehle ich den Apfel und die Birne. Beim Gemüse sind es für mich der **Lauch** und die **Pastinaken**.

KRÄUTER:

Eindeutig das **Gänseblümchen**. Mein Schwiegervater nannte es „Arnika der Kinder". Einfach auf ein Butterbrot oder als Auflage zu verschiedenen Speisen – schmeckt köstlich! Was viele nicht wissen: Beim Gänseblümchen kann man neben der Blüte auch die Blätter essen. Die Blätter haben eine leichte nussige Note und sie kann man hervorragend in den Blattsalat mischen.

MEINE LIEBLINGSREZEPTE:

OMAS OSTERBROT/STRIEZEL:

Zutaten:

Germteig:
1 kg Mehl
1 Packung Frischgerm
400 ml Milch
2 Eier
150 g Butter
150 g Zucker, 1 Prise Salz
Zitronenschale
Rum und eventuell Rosinen.

Anleitung:

Germ mit etwas Zucker abrühren (wird flüssig) und mit den restlichen Zutaten zu einem glatten Teig abschlagen (löst sich vom Rand). Zugedeckt bis zum doppelten Volumen aufgehen lassen.
Entweder einen Laib formen oder einen Striezel flechten. Mit Ei bestreichen und bei 160 Grad Ober-Unterhitze goldgelb backen.

Ich teile den Striezel in 4 Stränge, lege diese in ungerader Zahl auf: 1 Strang und 3 Stränge. Dann nehme ich die jeweils äußersten Stränge der Seite mit den 3 Strängen und lege diese auf die Seite des einzelnen Strangs - nehme den Einzeln somit in die Mitte. Immer wiederholen.

Osterschinken in Brotteig: Den Brotteig bereite ich aus Roggen- und Weizenmehl zu. Sauerteig, Germ und Bier machen das Brot vollkommen. Nach dem Aufgehen des Teiges wird dieser 2 fingerdick ausgewalkt und ein gekochtes Geselchtes daraufgelegt. Danach wird das Geselchte "eingepackt", mit der Naht nach unten auf ein Blech gelegt und mittels Dampf knusprig braun gebacken. Darauf freuen wir uns jedes Jahr zu Ostern!

NOCH MEHR LIEBLINGSREZEPTE:

MÜRBE WILDKRÄUTERKNABBEREI:

Zutaten:

150 g Butter
180 geriebener Käse
125 ml Schlagobers
½ TL Kräutersalz
250 g Mehl
1 Prise Backpulver
1 Handvoll Wildkräuter
(Spitzwegerich, Schafgarbe
Brennnessel)

Anleitung:

Butter, Käse gut verrühren. Schlagobers und Salz dazu. Dann Mehl und Backpulver. Zum Schluss die geschnittenen Kräuter zugeben. Teig ca 1 Stunde kühl rasten lassen – dann ca ½ cm dick ausrollen, verschiedene Formen ausstechen oder radeln – mit Ei bestreichen und im vorgeheizten Rohr bei 190 Grad Ober-Unterhitze backen.

BRENNNESSELCREMESUPPE (herrlich zum Entschlacken!):

Zutaten:

200 g Brennnesselblätter
1 gehackte
kleine Zwiebel
2 EL Butter
2 EL Mehl
¼ l kalte Milch
Salz
Pfeffer
Knoblauch
125 ml Schlagobers

Anleitung:

Bennnesselblätter in wenig Wasser dünsten und mit dem Mixstab pürieren. Zwiebel in Butter anschwitzen, Mehl dazu geben und mit Milch aufgießen. Unter Rühren aufkochen lassen und die passierten Brennnesseln dazugeben, würzen, nochmals aufkochen und mit Schlagobers nochmals aufmixen.

Tipp: Bleibt mal eine Cremesuppe übrig, rühre ich griffiges Mehl und Ei dazu und koche daraus Spätzle!

Putzen mit Holzasche - mehr dazu auf der folgenden Seite. Angebrannte Kochtöpfe werden wieder schön!

FÜR DIE HAUSAPOTHEKE:

Es ist zwar nicht mehr so kalt draußen, aber eben auch noch nicht warm. Und so können im Frühjahr leicht Erkältungen entstehen. Hier schwöre ich natürlich auf selbstgemachte **Hühnersuppe** (siehe Seite 154) und auf die altbewährten Essigpatscherln.

Essigpatscherln:
Dazu nehme ich ¼ Liter Apfelessig, erwärme ihn und rühre ihn mit etwas Mehl zu einem Brei. Das Ganze auf ein Leintuch oder eine Baumwollwindel und schön über die Fußsohlen wickeln. Warme Socken darüber und stündlich wechseln, hat fiebersenkende Wirkung.

PUTZTIPPS:

Was tun bei Fettflecken?
Fettflecken brauchen meistens eine Vorbehandlung mit einem fettlösenden Mittel und danach eine gescheite warme Wäsche. Am liebsten nehme ich da die **Gallseife**. Fleck gut einseifen und danach ab in die Waschmaschine.
Flüssigwaschmittel enthält übrigens mehr Tenside, die zur Entfernung von Fett nötig sind.
Bei Baumwollstoffen dem Hauptwaschgang 2 bis 3 EL Sodapulver beimischen.
Bei starker Fettverschmutzung die Wäsche vor dem Waschmaschinendurchlauf in Soda-Wasser-Mischung einweichen.
Handspülmittel (fürs Geschirr) sind zwar gute Fettlöser, dürfen jedoch nicht in die Waschmaschine, da sie viel zu stark schäumen. Sie können die Wäsche jedoch vor dem Waschmaschinendurchlauf darin einweichen. Anschließend gut ausspülen.
Bei heiklen, schwer oder nicht waschbaren Stoffen verwenden Sie **Meerschaumstaub**: Auf den Fettfleck streuen, einwirken lassen, ausbürsten.
Einen Tipp muss ich unbedingt weitergeben: Viele Flecken kann man sehr gut mit **Zahnpaste** vorbehandeln. Richtig gelesen: Den Fettfleck mit Zahnpaste einreiben, einige Zeit einwirken lassen und danach waschen!

Putzen mit Holzasche:
Asche ist ein bewährtes Hausmittel.
Asche als Putzmittel war noch für meine Großmutter eine Selbstverständlichkeit. Früher wurden die meisten Wohnungen und Häuser mit Holzöfen beheizt, insofern war Holzasche stets vorhanden.
Hier ein paar Tipps:
• Ist der Boden des **Kochtopfs** einmal ordentlich angebrannt, reiben Sie ihn mit einem nassen Schwamm, den Sie vorher in Holzasche eintauchen, kräftig aus.
• Der **Grillrost** wird im Sommer durch häufigen Gebrauch schnell schmutzig. Kein Problem! (Siehe Seite 102)
• Das **Glas des Sichtfensters** vom Kamin ist leicht einmal angerußt. Ich decke zunächst den Boden direkt am Kamin mit Zeitungspapier ab. Dann nehme ich nasses Zeitungspapier, tauche es in die Asche, reibe das Glas damit ab und wasche zuletzt mit klarem Wasser nach.
• Wer sich häufiger die **Haare** selber färbt, wird das Problem kennen: Auch die Haut am Hals und auf den Schultern bekommt etwas von der Farbe ab. Sie können sie je-

doch mit nasser und in Asche getauchter Watte spielend wieder entfernen – ganz ohne jede Chemie!

• Beim Arbeiten mit Holzasche ist es **immer gut, Handschuhe zu tragen**. Nach einer Behandlung mit Holzasche immer mit viel Wasser nachwaschen!

• In Omas Stube wurde auch ein Mal jährlich der Holzboden gründlich mit Holzasche gereinigt. Dazu wurde ein Schrubber zuerst ins Wasser und dann in die Holzasche getaucht, der Boden damit gut abgerieben und danach mit viel Wasser nachgewaschen. Wichtig ist natürlich am Ende die Pflege. Ich mache das auch gerne bei meinem Holztisch, der oft von den Dingen des Lebens gezeichnet ist. Danach pflege ich diesen mit Öl, am liebsten mit Leinöl!

• Asche macht auch, man soll es nicht glauben, die Wäsche weiß! Die Wäsche mit Asche abreiben und danach waschen - Ich mache das, seitdem ich es in Indien gesehen haben: Blütenweiße Wäsche und die Inder haben sie mit Asche abgeschrubbt und danach mit viel Wasser nachgespült!

APRIL

„*April, April, der macht, was er will!*" Ein Sprichwort, das schon so manchem Hobbygärtner einen Strich durch die Rechnung gemacht hat: Einerseits gibt es schon etliche sonnige Tage, andererseits kann es recht schnell noch sehr kühl und frostig werden. Daher sind viele Gartenarbeiten im April wetterabhängig. Und doch sollte jetzt gesät werden. Wenn man Glück hat, gibt's bereits die ersten Kräuter und Gemüse zu ernten.

IM GARTEN ODER AM BALKON:

Der April eignet sich hervorragend dazu, Kräuter zu säen wie z.B. Bohnenkraut, Petersilie, Dille oder Maggikraut. Und auch für Kopf- und Pflücksalat ist jetzt die richtige Zeit. Sollten Sie Lavendel haben – bitte jetzt ordentlich zurückschneiden!

ERSTE ERNTE:

Rhabarber ist eine der ersten Pflanzen, die Sie jetzt ernten können. Aber bitte nicht nur einfach die Stiele an den Enden abschneiden! Denn so könnten die Schnittstellen faulen und die Wurzel schädigen. Am besten ist das Herausdrehen aus dem Wurzelstock.
Die Blätter gehören auf den Kompost oder aber Sie verwenden sie zum Abdecken von Flächen, die erst in einigen Wochen bepflanzt werden. Dadurch wird das Wachsen von Unkraut verlangsamt. Die Blätter verschwinden nach einiger Zeit durch Verrottung und geben dem Boden wichtige Nährstoffe zurück.

Und wer, so wie ich, **Spargel** mag, der darf sich jetzt auch freuen: Der April ist der Monat, der die Spargelzeit einleitet.

Das Obst des Monats ist für mich die **Erdbeere**. Wer sie nicht ohnehin schon längst gepflanzt hat, sollte sich jetzt im Fachmarkt kräftige Erdbeerpflanzen besorgen und sie rasch einsetzen.

Kräuter:
Was wäre der Frühling ohne **Bärlauch**? Ab Anfang April sind die Buchenwälder und Auen geradezu von einem grünen Teppich überzogen. Bärlauch wird auch Hexenknofel, Waldknoblauch oder Zigeunerlauch genannt. Wenn möglich, sollten Sie ihn frisch verwenden – durch Trocknen verliert er an Aroma.
Bärlauch hat einen hohen Eisengehalt, wirkt blutreinigend und blutdrucksenkend.
Aber bitte bloß nicht mit der giftigen Herbstzeitlosen oder dem Maiglöckchen verwechseln!!! Sie wachsen oft nebeneinander.
Die Bärlauchblätter sind oben glänzend und unten matt.

Löwenzahn:
Der Löwenzahn ist gesund für Leber, Magen, Niere und Galle. Außerdem beginnt er sehr früh zu wachsen. Im Frühjahr sind die Blätter besonders zart und die Wurzeln besonders bitter. Er regt die Verdauung an, entwässert, wirkt reinigend und ist auch ein super Mittel gegen Müdigkeit. Löwenzahn ist überdies ein wichtiger Bestandteil jeder Frühjahrskur.
Der Volksmund sagt: *„Was bitter dem Mund, ist dem Magen gesund!"*

MEINE REZEPTE IM APRIL

SPARGELCURRY

Zutaten:

1 kg Spargel grün und weiß
Butter
2 Zwiebeln
600 g Pute
Huhn- oder Schweinefilet
Pfeffer
1 EL Butterschmalz
3 EL Currypulver
1 TL Curcuma
2 EL Honig
250 ml Gemüsesuppe
1 Becher Creme fraiche
je 1 gelber und roter Paprika
(gewürfelt)
etwas Ingwer, Petersilie

Anleitung:

Spargel schälen und in 3 cm dicke Stücke schneiden, in Wasser mit Salz, einer Prise Zucker und 1 EL Butter bissfest kochen. Danach kalt abschrecken. Die Zwiebeln fein schneiden. Das Fleisch in Streifen schneiden, mit Salz und Pfeffer würzen und in Butterschmalz gut anbraten – aus der Pfanne nehmen. Die Zwiebeln glasig andünsten. Curry und Curcuma darüber stäuben, den Honig zugeben und die Suppe dazu gießen. Das Ganze gut 10 Minuten schwach kochen lassen. Creme fraiche dazu geben und nochmals einkochen lassen. Die Paprikawürferl, den Spargel und das Fleisch zur Sauce geben und gut abschmecken.

RHABARBERKUCHEN

Zutaten:

250 g Butter
250 g Staubzucker
Vanillezucker
4 Eier
125 ml Eierlikör
250 g Mehl
½ Packerl Backpulver
800 g bis 1 kg Rhabarber
(in kleine Stücke geschnitten)

Anleitung:

Butter, Zucker, Vanillezucker und Dotter schaumig rühren und den Likör langsam dazu gießen. Dann Mehl und Backpulver und zuletzt den cremig geschlagenen Eischnee dazu. Auf ein befettetes Blech geben und mit Früchten wie z.B. Rhabarber (Kirschen, Marillen) belegen. Eventuell mit Mandelblättchen bestreuen und bei 160 Grad Heißluft ca 25 Minuten backen.

SCHINKENKIPFERL FÜR DIE JAUSE

Zutaten:

170 g Mehl
1 Packerl Backpulver
50 g Butter
2 EL Sauerrahm
200 g gekochte und passierte Erdäpfel
Für die Fülle:
100 g Schinken oder Geselchtes
(klein würfeln oder faschieren)
3 EL Sauerrahm
3 EL Semmelbrösel
1 EL geriebener Käse
2 EL gehackte Petersilie

Anleitung:

Alle Zutaten zu einem glatten Teig kneten und ca 1 cm dick zu einem Kreis ausrollen. Den Teig achteln und auf die Breitseite die Fülle setzen – zur Spitze einrollen – auf ein mit Backpapier belegtes Blech setzen, mit einem Ei bestreichen und bei 180 Grad Ober-Unterhitze ca 20 Minuten goldgelb backen.

FÜR DIE HAUSAPOTHEKE:

Ohrenschmerzen können sehr lästig sein. Die **Hauswurz** ist fast immer da und griffbereit. Hatten meine Kinder Ohrenschmerzen, war sie daher das erste Mittel, das zur Anwendung kam.

Dazu habe ich ein Kaffeelöfferl angewärmt, das Blatt von der Hauswurz auseinandergebrochen und fest zusammengedrückt damit, ein paar Tropfen des Safts auf den Löffel getropft sind. Durch die Wärme des Löffels wird der Saft temperiert, dieser kann dann direkt ins Ohr gegeben werden – wirkt einfach super!

Auch die Zwiebel kann helfen: Zwiebel grob schneiden, in ein Stoffsackerl geben und das Sackerl aufs Ohr legen - wirklich wohltuend!

PUTZTIPPS:

Nach dem langen Winter dürfen jetzt wieder die Fenster geputzt werden. Aber so richtig! Allein das kostet Zeit und Mühe, was viele von uns weder leicht noch gern aufbringen. Damit das Fensterputzen keine unendliche Geschichte wird, möchte ich Ihnen nun meine Tipps und Tricks verraten, mit denen Sie sie möglichst schnell und einfach die besten Erfolge erzielen.

Fensterrahmen:
Entfernen Sie zuerst einmal den Staub überall trocken.
Danach behandeln Sie die Fensterrahmen mit Allzweckreiniger-Wasser-Lösung. Anschließend spülen Sie mit klarem Wasser gut ab.
Für Fensterrahmen aus Kunststoff haben sich Kunststoffreiniger aus dem Fachhandel bewährt. Auch wenn Sie zuerst mit Schmutzradierer oder Scheuermilch putzen, gönnen Sie den Fensterrahmen im Anschluss daran einen Kunststoffreiniger zur Pflege. Holzrahmen sollten Sie von Zeit zu Zeit mit Holzpflegemittel behandeln. Vergessen Sie nicht auf die Fensterdichtungen, sie können mit der Zeit porös werden. Dafür gibt es spezielle Dichtungspflegemittel. Für Silikondichtungen können Sie auch Glycerin verwenden.

Glasklar wie unsichtbar:
Immer wieder kommt es vor, dass nach dem Putzen die Fensterscheiben noch verschmiert aussehen, was jedes Mal ärgerlich ist.
Wichtig ist: Streifenfreies Putzen ist nur dann gewährleistet, wenn Sie kein heißes Wasser verwenden, ganz gleich, welche Mittel Sie zum Putzen verwenden.
Schon in früheren Zeiten wurde Glas mit Spiritus gereinigt, und das hat sich bis heute bewährt.
Geben Sie dazu auf 5 Liter lauwarmes Wasser 50 ml Spiritus. Um Fettspuren restlos wegzubekommen, lohnt es sich, noch 1 ml Handspülmittel (ohne Balsam) oder auch Klarspüler hinzuzufügen.
Für Fenster von Räumen, wo geraucht wird, ergänzen Sie die Mischung um einen Schuss 10% igen Ammoniak.
Um die Fensterscheiben nicht zu zerkratzen, wischen Sie mit einem nassen Baumwolltuch von oben nach unten und nässen das Tuch immer wieder neu, damit der Staub herausgewaschen wird.
Putzen Sie die Fensterinnenseiten waagrecht und die Außenseiten senkrecht – dann sehen Sie sofort, wo möglicherweise Streifen entstehen bzw. entstanden sind.
Wenn nach dem Putzen noch Reststreifen zu sehen sind, können Sie diese auch sehr gut mit einer alten Nylon- oder Perlonstrumpfhose wegpolieren.

MAI

Der Mai ist für mich der Monat des Genusses und der Fruchtbarkeitsfeste. So stellt zum Beispiel auch der legendäre Maibaum nichts Anderes als ein Fruchtbarkeitssymbol dar. Und auch das Sprichwort *„Mairegen bringt Segen!"* stimmt: Wärme und Regen lassen die Natur rasant wachsen. Aber wie immer gibt es auch hier einen kleinen Haken: Es gilt, die „Eisheiligen" abzuwarten. Denn starke Abkühlung birgt auch immer die Gefahr einer so genannten „Gefrier". Der Mai ist generell ein sehr traditionsreicher Monat. Was mich persönlich jedes Jahr aufs Neue sehr berührt, ist der Muttertag.

Muschelbrot, Rezept auf Seite 63

Blütenbutter: *Butter schaumig rühren, etwas Senf dazu, ein bisschen Salz und gehackte frische Blüten (z.B. Rosen, Ringelblumen, Gänseblümchen...) dazurühren.*

MUTTERTAG:

Muttertag ist immer der zweite Sonntag im Mai. Und ich habe mich jedes Mal narrisch gefreut über die Gedichte und kleinen Basteleien, die ich von meinen Kindern bekommen habe. In der Früh wurde ganz leise die Schlafzimmertür geschlossen und danach wurde ich mit einem süßen Guten-Morgen-Bussi geweckt, und mit Frühstück und den ersten Blumen aus dem Garten überrascht.

BRAUCHTUM:

Liebgewonnene Traditionen beginnen gleich am ersten Tag des Monats: Hier dreht sich alles um den **Maibaum**. Er ist ein Lebens- und Fruchtbarkeitssymbol und bedeutet: Der Zuwachs soll im Ort bleiben. Er steht auch für eine gute Ernte. Der Maibaum wird daher von jungen Männer des Ortes „bekraxelt". In der ersten Nacht wird er streng bewacht, ansonsten könnten ihn ja andere Männer – etwa aus dem Nachbardorf – umschneiden und stehlen.
Früher tanzte man in einigen Gemeinden Volkstänze um den Maibaum herum. Auch heute gibt es noch zahlreiche Bräuche z.B. Maibaumtaferl an den Häusern oder Maibaum-Versteigern.

Christi Himmelfahrt:
40 Tage nach Ostern feiern wir Christi Himmelfahrt. Bei uns begehen die Kinder oft an diesem Tag das Fest der Erstkommunion. In anderen Gemeinden auch oft am "Weißen Sonntag", das ist der erste Sonntag nach Ostern. Waren es bei mir und bei meiner älteren Tochter noch weiße Kleider und Blumenkränze, tragen die Kinder heute z.B. weiße Hussen (eine Art weiße Ministrantenkleider oder Kutten) oder in manchen Gegenden auch Tracht. An diesem Tag wird bei uns am Land oft noch im Pfarrheim schön gedeckt. Zu meiner Zeit freuten wir uns auf Kakao und Kuchen. Heute sind es oft Würstel und Saft. Bei uns im Weinviertel spielt die Musikkapelle. Und die Kinder gehen mit ihren Familien vom Pfarrhof in die Kirche und danach wieder zurück zur Jause. Für die Gäste gibt es eine Agape mit Brot und Wein und die ganze Pfarrgemeinde und Verwandtschaft feiert mit!
Um Christi Himmelfahrt wird auch wieder oft die Tradition der Bitttage abgehalten: An den Bitttagen finden Bittprozessionen statt, die bei uns am Land um die örtlichen Felder herum oder von einem Ort zum nächsten führen. Damit wird um gutes Wetter und um gute Ernte gebetet.

Pfingsten:
50 Tage nach Ostern oder zehn Tage nach Christi Himmelfahrt feiern wir Pfingsten. Pfingsten wird auch gerne als Datum für Firmungen gewählt. Als eines der sieben Sakramente wurde die Firmung von der Sendung des Heiligen Geistes abgeleitet.
Die Firmung wurde auch bei uns immer als großes Fest gefeiert. Familie und Firmpate treffen sich zu einem gemütlichen gemeinsamen Tag. Früher bekam man zur Firmung die erste Uhr geschenkt und natürlich einen großen Luftballon.
Auch das Pferd spielt zu Pfingsten wieder eine große Rolle – sei es beim Leonhardiritt, Pfingstritt oder jetzt wieder vermehrt bei Pferdemärkten. Beim Pfingstritt am Pfingstmontag bittet man um gutes Gedeihen der frischen Saaten.

Das Gebildebrot kennen wir schon von Ostern. Gebildebrote sind Bilderbrote, die in symbolischer Form gemacht und zu einem religiösen Anlass gebacken und verschenkt werden. Waren es zu Ostern zum Beispiel der Hase und der Osterstriezel, ist es zu Pfingsten eine Brez'n.

OBST UND GEMÜSE IM MAI:

Das Obst des Mai sind für mich die Kirschen. Und beim Gemüse rate ich der Jahreszeit gemäß zu Radieschen, Salat und Spinat.

IM GARTEN:

Alles neu macht der Mai! Jetzt kann man herrlich Paprika, Paradeiser oder Zucchini anpflanzen, die Balkonblumen endlich ins Freie stellen und neuen Rasen säen.
Doch Vorsicht: Die „Eisheiligen" können sich tückisch auswirken.

Die gefürchteten „Eisheiligen" (11. – 15. Mai):
Gemeint ist die letzte mögliche Kälteperiode mit Nachtfrostgefahr um Mitte Mai. Je nach Region werden die „Eisheiligen" Pankratius, Servatius und Bonifatius auch die „Drei Gestrengen" genannt. Und dann gibt es ja auch noch die „kalte Sophie" (ursprünglich am 15. Mai) und - bei uns weniger bekannt - Mamertus. Früher schützte man die Gärten, Äcker und Weingärten mit zu dieser Zeit entzündeten Feuern, um diese durch die Wärme und den Rauchnebel, der sich über die Blüten und Triebe legte, vor Frost zu schützen.
Das geht auf Balkonen im städtischen Bereich natürlich schlecht.
Also wartet man mit empfindlichen Pflanzen lieber bis zum 20. Mai. Danach sollte die Gefahr gebannt sein.

AUS DER KRÄUTERWELT:

Waldmeister und Hollerblüten
Mein Tipp für einen köstlichen Waldmeister-Sirup:

Zutaten:

150 g Waldmeister
(am besten vor der Blüte geerntet)
½ l Wasser
3 Zitronenscheiben
500 g Zucker

Statt Waldmeister kann man auch **Hollerblüten** *verwenden, diese muss man aber nicht anwelken lassen.*

Anleitung:

Waldmeister anwelken lassen (so entsteht erst das typische Aroma durch den Duftstoff Cumarin).
Waldmeister mit Zitronenscheiben und Wasser aufkochen, vom Ofen nehmen und ca 1 Stunde ziehen lassen. Abseihen und mit dem Zucker etwas einkochen lassen. Heiß in saubere Flaschen füllen und verschließen.

Waldmeister - frisch gepflückt und abgeseiht für den Wadmeistersirup.

*… ich mag unseren Frizzante –
hier wird unser Wein mit Kohlensäure
und einer Süßreserve versetzt, zu jedem
Anlass ein Genuss.*

MEINE REZEPTE:

KRÄUTERBUTTER:

Zutaten:

250 g weiche Butter
zwei Handvoll Kräuter
(z.B. Spitzwegerich, Schafgarbe
Brennnessel, Löwenzahnblüten
Rosenblüten, Kornblumen)
Kräutersalz und Pfeffer

Anleitung:

Butter cremig rühren und die gehackten Kräuter und Salz, Pfeffer dazu rühren.

(Schmeckt besser mit frischen Kräutern, ist aber natürlich auch mit getrockneten und gefrorenen Kräutern möglich.)

SPINATKNÖDEL:

Zutaten:

200 g passierter Spinat
200 g gekochte passierte Erdäpfel
100 g Semmelbrösel
40 g geschmolzene Butter
1 Ei
1 Dotter
Salz
Pfeffer
Knoblauch

Anleitung:

Zuerst Ei, Dotter und Spinat vermischen (so werden die Knöderl schön grün). Dann alle Zutaten miteinander vermengen und die Masse etwas rasten lassen.
Falls die Masse zu weich geraten ist, einfach mit Semmelbröseln vermengen, bis die gewünschte Konsistenz erreicht ist.
Zu Knödeln formen, diese mit einem Stück Käse füllen und dann in Salzwasser 20 Minuten ziehen lassen. Aber bitte nicht kochen, da sie sonst zerfallen!
Eventuell einen Probeknödel im Kochtopf mit Siebeinsatz bzw. im Dampfgarer kochen. Auch eine Zubereitung als Serviettenknödel ist hier möglich!

MUSCHELBROT:

Zutaten:

500 g Mehl
2 EL Kräutersalz
300 ml Wasser
1 TL Honig
20 g Germ
5 EL Öl
Für die Fülle – je nach Belieben:
Kräuterbutter, Pesto
oder Grammelschmalz.

Anleitung:

Alle Zutaten zu einem glatten Teig abschlagen. Zugedeckt ca eine halbe Stunde rasten lassen. Eine Tortenform ausfetten. Den Teig ca einen halben Zentimeter dick ausrollen und mit einem Glas Kreise (6-8 cm) ausstechen. Diese Kreise mit der Fülle bestreichen und zusammenklappen. Somit entsteht ein Halbkreis, diesen dann an beiden Seiten zusammendrücken. Diese „Muscheln" kreisförmig in die Form legen. Zugedeckt nochmals ca 15 Minuten aufgehen lassen. Im vorgeheiztem Backrohr bei 200 Grad Ober-Unterhitze ca 20 Minuten backen.

FÜR DIE HAUSAPOTHEKE:

Kleine Wunden durch die Gartenarbeit oder sonstiges Tun im Haushalt kann es natürlich immer geben. Ich schwöre bei Reizungen oder Wunden an der Haut auf meine Ringelblumensalbe!

Ein Alleskönner – die Ringelblume:
Schon meine Mutter hat die Ringelblume ins Gemüsebeet gesät und wenn die Obstbäume krank wurden, wurde auch darunter die Ringelblume gesät. Das Ergebnis: Der Boden konnte sich regenerieren.
Auch in der Küche findet die Ringelblume ihren Einsatz. Safran konnte man sich ja nicht leisten, also verwendete man die Ringelblume um etwa dem Semmelkren das schöne Gelb zu geben.
Eine Hausapotheke ohne Ringelblumensalbe geht für mich gar nicht. Bei kleinen Verletzungen, beim „reißerten G'nack", bei unreiner Haut, Windelausschlägen der Kleinkinder, wenn wir wieder mal die Knie aufgeschürft hatten oder bei leichtem Sonnenbrand: Die Ringelblumensalbe ist und war für uns oft das Allheilmittel.

Mein Rezept dazu:
Ca 500g Schweineschmalz (oder Butterschmalz) schmelzen lassen und zwei Handvoll frische Blütenblätter der Ringelblume dazu geben. In ein Glas einfüllen und ca zwei Tage stehen lassen. Wieder erwärmen. Und jetzt kann man, wenn man will, ca 50 g Bienenwachs dazu geben. Danach wieder 2 Tage stehen lassen.
Dann wieder erwärmen und abseihen.
Oft gebe ich auch ein paar Blütenblätter der Kamille oder des Lavendels dazu. Letzterer hat ebenfalls eine gute wundheilende und hautpflegende Wirkung.

PUTZTIPPS:

Gerade bei so vielen Familienfesten, wie wir sie im Mai haben, kommt unser Backrohr sehr oft zum Einsatz. Dieses von Zeit zu Zeit zu putzen, schieben viele Menschen gern hinaus. Und ich weiß selbst, dass das nicht die allerschönste Arbeit ist, die es in meiner Küche zu tun gibt.
Aber auch viele schöne Weingläser sind jetzt bei den vielen Festln sehr gefragt. Gerade ich als Weinbäuerin lege da natürlich Wert auf allerhöchste Sauberkeit. Wer trinkt schon gern aus einem schmutzigen Glas? Eben.

Backofen putzen
Grundsätzlich wird geputzt, wenn das Rohr noch warm ist. Ein emailliertes Backrohr sollten Sie keinesfalls mit kratzenden Tüchern oder Schwämmen bearbeiten.
Schon früher wurden Flächen zwecks Entfernung von Schmutz eingeweicht, auch im Backrohr.
Stellen Sie ein Gefäß (z.B.: Auflaufform oder Pfanne) mit Wasser in den Ofen und warten Sie, bis das Wasser sich erwärmt und Dampf erzeugt.
Jetzt lässt sich der Schmutz mit einer feuchten Edelstahlspirale vorsichtig ablösen. Falls Sie Verstärkung brauchen, verwenden Sie eine Soda-Wasser-Mischung (1:1) und reinigen Sie das Backrohr mit einem Schwamm.
Backofentüren können problemlos mit einer verdünnten Spiritus-Wasser-Lösung geputzt werden.
Ich selbst bevorzuge zu diesem Zweck

meinen Brei aus Backpulver und Wasser, trage ihn auf die Ofentür auf, lasse ihn einwirken und spüle mit Wasser nach. Punktuelle Verkrustungen entferne ich mit einem Schmutzradierer.

Gläser:
Der beste Aufbewahrungsort für Trinkgläser ist fraglos ein Glasschrank. Gläser nehmen nämlich Gerüche an, etwa von Karton oder Holz. Wenn Sie jedoch keine Vitrine haben, so spülen Sie Ihre Gläser vor der Verwendung einfach immer kurz aus. Bevor ich Wein in Gläser schenke, gebe ich immer einen Schluck Wein ins Glas, schwenke es aus und gieße denselben Schluck ins nächste Glas, schwenke es wieder … usw. Anschließendes Spülen ist nicht notwendig.

Gläser spülen:
Mag die Herstellerangabe auf der Verpackung auch „spülmaschinenfest" lauten, seien Sie bitte dennoch auf der Hut. Gläser sollten nie zu lange und vor allem nie bei hohen Temperaturen gewaschen werden. Hitze vertragen Sie nämlich gar nicht gut. Spülen Sie Ihre Gläser also nur bis maximal 50 Grad! Und achten Sie darauf, dass die Gläser jeweils Platz genug haben und dass sie nicht mit Töpfen oder Schüsseln in Berührung kommen.
Gläser mit der Hand reinigen Sie am besten in lauwarmem Wasser mit wenig Spülmittel und spülen sie anschließend immer mit klarem Wasser nach.

Einfach auf ein Butterbrot oder als Auflage zu verschiedenen Speisen. Siehe Seite 34

JUNI

Der Juni ist die Zeit des Wachsens und des Reifens. In diesem Monat ist die Getreideernte angesagt.
Früher bedeutete das für die ländliche Bevölkerung, dass sie keine Zeit für Festivitäten hatte. Heute geht die Getreideernte natürlich schneller und einfacher. Trotzdem muss man sich an der Witterung orientieren.
Ein magisches Datum ist der 21. Juni: Da ist Sommersonnwende und die Tage werden wieder kürzer.

BRAUCHTUM:

Ein schöner und gelebter Brauch findet am **2. Donnerstag nach Pfingsten** statt: **Fronleichnam**.
Seit dem Mittelalter werden an diesem Tag Prozessionen abgehalten.
Begleitet von der Blasmusik, dem Kirchenchor, Ministranten, verschiedenen Vereinen und Erstkommunionskindern wird die Monstranz mit dem „Brot des Lebens" durch den Ort geführt. Überall findet man von der Bevölkerung geschmückte Altäre oder Wegkreuzungen. Das sieht wunderschön aus!
Die Prozessionswege sind mit Birkenzweigen geschmückt. Auch meine Familie hatte und hat wieder einen Fronleichnamsaltar. Dieser wird noch immer festlich mit Blumen, Omas selbstgestickter Altardecke, Bildern und Kerzen geschmückt. Nach der Prozession nehmen wir uns die Birkenasterln mit. Sie gelten als Jungbrunnen und werden auch für Haartinkturen verwendet.
In vielen Gegenden findet auch – je nach Witterung – meist Anfang Juni der **Almauftrieb** statt.

Sonnenwende:
Am 21. Juni hat der Sonnenzyklus seinen Höhepunkt erreicht und das Sonnenrad steht auf der Himmelsmitte. An diesem Tag feiern wir die Sonnenwende mit dem Sonnwendfeuer!
Früher wurden in diesem Zeitraum Besen und Überreste des Maibaums oder Zweige des Fronleichnamsschmucks verbrannt (heute sind es meist dürre Äste). Auf den Scheiterhaufen werden dann oft Strohpuppen mit alten Kleidern gesetzt, die, symbolisch für böse Geister und Krankheiten, schließlich verbrannt werden.
Die Zeit der Sonnwende ist mit vielen Lostagen, zahlreichen Bräuchen und Aberglauben verbunden. Das **Johannisfeuer** etwa soll Unwetter vertreiben und in dieser Zeit geernteten Pflanzen wird besondere Kraft zugesprochen: Das **Johanniskraut** wird gerne für Tee, Öl oder Tinkturen verwendet. Es sieht mit seinen hellen, gelben Blüten nicht nur schön aus, es hat auch große Wirkung bei kleineren Schnittverletzungen oder Verbrennungen.

Mein Tipp für die Zubereitung von Johanniskrautöl: Stiele und Blüten des Johanniskrauts und kaltgepresstes Öl.
Ein Drittel vom Kraut mit Öl auffüllen und vier Wochen lang rasten lassen (dazwischen eventuell immer wieder abseihen, ansonsten könnte sich Schimmel bilden).
Johanniskraut wurde früher oft auch in den Ställen aufgehängt: Es soll die Tiere gesund erhalten.

Meteorologen beobachten überdies ganz besonders den Zeitraum zwischen 24. Juni (Johannis) und 27. Juni (Siebenschläfer) und dem 29. Juni (Peter und Paul). Man sagt: *„Baut sich ein Hoch auf, gibt es in Europa einen stabilen, warmen Sommer!"*

GARTENARBEIT IM JUNI:

Je nachdem, wann Sie **Paradeiser** gepflanzt haben, sollten Sie sie in der zweiten Hälfte des Monats düngen. Und auch nicht aufs „Ausgeizen" vergessen! Die kleinen Zwischenblätter werden abgeschnitten, was der Pflanze viel mehr Kraft gibt.

Ein besonderes Datum für **Rhabarber** und **Spargel** ist der 24. Juni: Nach diesem Tag sollten sie besser nicht mehr geerntet werden. Sie bilden, wenn sie eben nicht mehr geerntet werden, neue Triebe mit Blättern. Über diese neuen Blätter können die Pflanzen den restlichen Sommer über neue Kraft tanken. Würde man sie weiterhin ernten, würden die Pflanzen zu wenig Sonnenlicht abbekommen und unnötig geschwächt werden.

Jetzt empfehle ich Ihnen auch einen Schnitt der Form- und **Laubhecken**. Dann entfällt ein zweiter, späterer Schnitt der Hecken.

Und wenn Sie nicht ohnehin schon längst ihre **Karotten** ausgesät haben, ist im Juni die letzte Möglichkeit dafür.

Ein guter Zeitpunkt ist jetzt auch für das Säen von **Spätsommersalat** (Endivie) und Chinakohl.

Unter die **Erdbeerpflanzen** lege ich im Juni gern eine Schicht Stroh, damit die Erdbeeren nicht auf der Erde liegen. Es schützt die Früchte vor Krankheiten und Fäulnis.

OBST UND GEMÜSE IM JUNI

Genau wie schon im Mai genießen meine Familie und ich auch im Juni viel frischen Spinat. Und die **Frühkartoffel** geht jetzt auch gut.
Beim Obst ist die **Stachelbeere** und die **Himbeere** angesagt.
Im Kräutergarten können wir uns nach wie vor über die **Brennnessel** freuen. Eine wahre Wunderpflanze, die auch andere Pflanzen vor Pilz- und Lausbefall schützt!

Mein Tipp:
Pilze und Läuse freuen sich über Brennnesseljauche gar nicht!
Für die Jauche 1 kg Brennnesseln mit 10 l kaltem Wasser übergießen und ca 3 Wochen stehen lassen. Ist das Jauchenwasser richtig dunkel und schäumt nicht mehr – dann ist es perfekt perfekt als Basis. Zum Gießen mische ich 1 Liter der angesetzten Jauche mit 10 Litern Wasser in einer Kanne. Die befallenen Pflanzen damit gießen und gut nachwässern. Am besten in der Früh anwenden!

Im Garten gibt's jetzt aber auch die **Vogelmiere** und den Klatschmohn.
Und, ja, ich weiß: Wie oft ärgern wir uns über die Vogelmiere, sie wächst ja eigentlich überall.
Mein Tipp: Vogelmiere hacken und einfach über ein Butter- oder Topfenbrot streuen. Schmeckt hervorragend!

TIPPS FÜR DIE VORRATSHALTUNG:

KRÄUTERSIRUP:

Sirup ist eine zuckerhaltige Lösung, welche verdünnt genossen wird. Gerade bei Kräutersirup sollte der Zuckergehalt über 50 % sein, denn dann braucht man ihn für die Haltbarkeit nicht aufkochen, was für die Erhaltung der Inhaltsstoffe der Kräuter von Vorteil ist.

Es sollten auch dem Kräutersirup Säuren zugesetzt werden, so wird der Geschmack der Kräuter intensiver (z.B. Zitronensaft, Zitronensäure oder Weinsteinsäure).
Ich setze den Kräutersirup immer bei Vollmond an, weil ich finde, dass das Aroma dann noch stärker ist!

WILDKRÄUTERSIRUP:

Zutaten:

2 unbehandelte Zitronen
15 g frischer Ingwer
300 g Zucker
2 l Wasser, 60 g Wildkräuter
(z.B. Schafgarbe,
Minze, Melisse,
Gundermann)

Anleitung:

Zitrone schälen und den Saft auspressen, Ingwer in Scheiben schneiden, alles mit dem Zucker und dem Wasser aufkochen und einen Tag durchziehen lassen. Abseihen und nochmals erwärmen, heiß in Flaschen abfüllen und gut verschließen. Der Sirup ist gekühlt und verschlossen sicher ein Jahr haltbar.
Im Sommer kalt aufgespritzt ist es ein sehr erfrischendes Getränk.
Im Winter, wenn die Nase rinnt und man hustet, ist er, mit warmem Wasser aufgegossen, ein hervorragendes Getränk gegen Erkältungen!

KRÄUTERSALZ:

Ich bereite mein Kräutersalz immer aus frischen Kräutern zu. Die frischen Kräuter werden mit Salz zermahlen oder gemixt. Auf ein Backpapier aufgestrichen und getrocknet. Man kann das Salz nach dem Trocknen noch einmal mahlen, sodass es eine ganz feine Konsistenz erhält. Grundsätzlich verwendet man meistens 50 % Salz: Also nehme ich 500 g Kräuter und 250 g Salz.
Alle Kräuter, Wildkräuter und Gartenkräuter, lassen sich zu Kräutersalz verarbeiten!

HIMBEERESSIG:

Zutaten:

500 g Himbeeren
½ l milder Weinessig

Anleitung:

Die Himbeeren in eine Flasche geben und den Essig darauf leeren. Ins Fenster stellen und ca 3 Wochen ziehen lassen – dabei immer wieder schütteln! Abseihen und in saubere Flaschen füllen. Kühl und dunkel lagern.

HIMBEERSIRUP:

Zutaten:

1 kg Himbeeren
Saft von 2 Zitronen
1 kg Zucker

Anleitung:

Die Himbeeren mit dem Zitronensaft und ca 60 ml Wasser auf 40 Grad erhitzen, dabei immer wieder umrühren. Danach ca 5 Stunden ziehen lassen und anschließend passieren. Diesen Saft dann mit dem Zucker auf 85 Grad erhitzen und so lange rühren, bis sich der ganze Zucker aufgelöst hat. Noch warm in saubere Flaschen füllen und sofort verschließen!

HIMBEERGELEE MIT ORANGENLIKÖR:

Zutaten:

1 l Himbeersaft
1 kg Gelierzucker
125 ml Orangenlikör

Anleitung:

In den kochenden Himbeersaft den Gelierzucker einrühren und ca 5 Minuten wallend kochen. Kurz vor dem Abfüllen Orangenlikör einrühren und noch heiß in saubere Gläser füllen - sofort verschließen.
Mein Tipp: Himbeermarmelade schmeckt auch sehr gut mit einem Stück dunkler Schokolade – einfach mal probieren!

PUTZTIPPS:

Gartenarbeit, Picknick, Spielplatz, Fußballmatch – ohne Grasflecken wären all diese Aktivitäten wahrscheinlich nur das halbe Vergnügen.

Grasflecken:
Geben Sie vor dem Maschinendurchlauf Gallseife auf den Grasfleck. Gut einreiben und ein paar Stunden einwirken lassen.
Gegen Grasflecken auf Jeans verwende ich am liebsten Schmierseife: Die verschmutzte Stelle damit einreiben, einwirken lassen und dann bei 60 Grad waschen.

Kaugummi:
Kaugummireste müssen unbedingt entfernt werden, bevor Sie die Kleidung in die Waschmaschine geben!
Kaugummi lässt sich am besten durch Einfrieren entfernen. Wenn Ihr Gefrierfach zu klein sein sollte, legen Sie Kühlakkus auf den Kaugummirest oder sprühen Sie ihn mit Vereisungsspray ein. Nach dem Vereisen können Sie den Rest vorsichtig mit einem Messer abkratzen.
Bleiben noch immer Reste zurück, bearbeiten Sie die Stelle mit einem in Nagellackentferner (mit Aceton) getränkten Tuch.

Kugelschreiber und Filzstift:
Zur Entfernung von Kuli- und Filzstiftspuren plädiere ich für Haarspray, der allerdings Treibgas enthalten muss. Sonst lösen sich die Farben nicht. Pumpflaschen bringen hier also nichts.
Sie können den Farbstrich auch vorsichtig mit Spiritus abtupfen. Bei Kugelschreiberfarbe an der Wand verdünnen Sie Spiritus mit Wasser (1:1). Bei Filzstiftfahrern probieren Sie es mit acetonfreiem Nagellackentferner.

DAS PUTZEN DER NASSRÄUME:

Speziell die Toilette gehört wohl zu den am meisten benutzten Räumen in Wohnungen. Einhergehend mit dadurch schnell entstehendem Schmutz und Gerüchen entsteht umso mehr das Bedürfnis, diesen sogenannten Nassraum sauber und hygienisch zu halten.
In meinen Seminaren werde ich immer wieder gefragt, wie man das am effizientesten erledigen kann. Hier ein paar Tipps, die ich Ihnen ans Herz legen möchte:

WC:
Gereinigt wird am besten immer „von hui zu pfui". Also von der saubersten Stelle zu derjenigen, die der Säuberung am meisten bedarf.
• Verwenden Sie für die Reinigung des WCs eigene Putztücher. Wenn Sie z.B. nach Farben sortieren, kann das hilfreich sein.
• Die Toilette selbst und die Klobrille säubern Sie problemlos mit Allzweckreiniger in Wasser und einem weichen Tuch.

- Achten Sie auf eine saubere Klobürste und erneuern Sie diese möglichst oft!
- Damit Ihre Toilettenbürste nicht unangenehm zu riechen beginnt, schütten Sie ein wenig Essig auf den Boden des Bürstenhalters.
- Zum Entfernen von Kalkrändern eignen sich Zitronen- und Essigsäure.
- Wasser zu sparen ist grundsätzlich sinnvoll, doch mit der Klospülung sollten Sie nicht zu sparsam sein. Wenn zu wenig gespült wird, entsteht Urinstein, der sich nur schwer entfernen lässt! Sollte dies bereits der Fall sein, besorgen Sie sich eine 15 %ige Salzsäurelösung in der Drogerie. Aber greifen Sie nur notfalls darauf zurück, wenn Essigessenzen gar nicht mehr wirken. Plus: Dabei unbedingt Handschuhe tragen und für eine gute Belüftung sorgen!
- Gegen bräunliche Ränder helfen oft Gebissreinigungstabletten. Geben Sie die Tabs über Nacht in die WC-Muschel, am nächsten Morgen sind die unschönen Ränder meistens verschwunden.
- Leichte Verfärbungen auf der Klobrille können Sie mit einem Brei aus Backpulver und Wasser behandeln. Geben Sie die Brei auf ein Tuch und reiben Sie die Brille damit ein. Anschließend waschen Sie mit klarem Wasser nach.

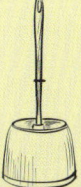

Tipp: Gegen bräunliche Ränder helfen Gebissreinigungstabletten.

Mama und Papa, April 1963

JULI

Die Sommermonate werden auch gerne fürs Heiraten genutzt. Schau ich mir heute Hochzeitsfotos von meinen Eltern an, dann war früher einiges anders: Im Haus wurden Zimmer ausgeräumt, in denen schließlich die Hochzeitstafel hergerichtet wurde. Gekocht wurde natürlich daheim und eine Weinviertler Hochzeit ohne einer guten Rindssuppe und als Hauptspeise 'Rindfleisch mit Semmelkren' ging gar nicht! Zu einer Trauung bei uns im Dorf waren immer alle Ortsbewohner eingeladen und herzlich willkommen. Und sie gingen nie mit leeren Händen heim…

DIE HOCHZEIT:

Die Hochzeitsbäckerin kam in früheren Zeiten stets ins Haus (war übrigens auch bei mir noch so) und es wurden viele Krapferln (= weinviertlerisch für Kekse) und Torten gebacken. Diese wurden dann reich verziert. Damals kamen die Ortsbewohner in Scharen zum „Tortenschauen". Und die Krapferln durften nicht nur die geladenen Gäste verkosten, sondern alle, die „Hochzeitsschauen" gekommen waren. Auch Kinder, die einen Hochzeitsgruß ins Haus gebracht haben, bekamen ein Sackerl – prall gefüllt mit Krapferln.

Kekse werden auch heute noch gebacken und es sind auch etliche andere Bräuche erhalten geblieben.

Zum Beispiel der blumige Schwellbogen, den bei uns die Jugend bindet und der die Tür oder das Tor der Braut schmückt. Dies geschieht bei uns am Tag vor der Hochzeit.

Ein traditioneller Hochzeitsbrauch ist auch das **Baumstammsägen**. Nach der kirchlichen Trauung wird ein Baumstamm auf Sägeböcke als Wegsperre aufgestellt, welchen das Brautpaar durchsägen muss, damit der Weg in eine gemeinsame, glückliche Zukunft freigegeben wird. Meist dürfen auch die Trauzeugen helfen, was das Brautpaar natürlich sehr freut. Denn im feinen Anzug und Kleid ist das Sägen gar nicht so einfach.

GARTENARBEIT IM JULI:

Jetzt beginnt der Hochsommer und es dreht sich alles ums **Gießen**!
Vor allem längere Trockenperioden zehren an den Kräften der Pflanzen. Am besten ist es, Sie gießen zeitig in der Früh, wenn die Pflanzen noch an die kühlere Nachttemperatur gewöhnt sind und das kalte Gießwasser ihnen keinen Schock verursacht. Gartenpflanzen, die regelmäßiges Gießen besonders benötigen, sind z.B. **Paradeiser** und **Gurken**.
Achten Sie darauf, stets am Wurzelansatz zu gießen. Viele Pflanzen, wie eben auch die Paradeiser, nehmen Wasser auf den Blättern übel und werden so anfällig für Krankheits- oder Pilzbefall.

Nun beginnen die so genannten **Hundstage**: Nämlich am 23. Juli. Von jetzt an bis zum 24. August ist dies die Bezeichnung für eine Schönwetterperiode, die nach dem Hundstern Sirius benannt wurde. Während des Zeitraums der Hundstage ist es in der Regel sehr heiß. Diese Periode gilt meist als die heißeste Zeit des gesamten Jahres.

Ab Juli kann man wunderbar wieder **Erdbeeren** pflanzen und mit der Aussaat von Herbst- und Wintersalat beginnen.

Obst und Gemüse im Juli:
Jetzt gilt es, Gurken und Zucchini aus dem Garten oder vom Anbau auf der Terrasse zu genießen. Und auch der Knoblauch ist jetzt reif, sobald das Grün vom Knoblauch gelb wird.
Das Obst im Juli sind für mich die Marille und die Ribisel.

MEINE REZEPTE:

WILDKRÄUTERQUICHE:

Zutaten:

Teig:
200 g Mehl
100 g Butter
70 ml Wasser
Guss:
3 Handvoll Wildkräuter
(wie etwa Brennnessel,
Giersch und Wegerich)
125 ml Milch
¼ l Sauerrahm
3 Eier
eventuell Schafkäsewürferl

Anleitung:

Für den Teig die Zutaten miteinander verkneten und ca ½ Stunde kühl rasten lassen. Die Wildkräuter schneiden und in Butter kurz anschwitzen.
Quicheform mit Butter ausfetten und den ca 3 cm dick ausgerollten Teig einlegen. Für den Guss alles versprudeln.
Käse auf den Teig bröseln. Zuerst die Kräuter und danach den Guss darüber geben. Bei 200 Grad ca 30 Minuten backen.

TOPFEN-FRUCHTSCHNITTE:

Zutaten:

¼ l Sauerrahm
120 g Staubzucker
Saft von 1 Orange
250 g Topfen, 500 g Schlagobers
8 Blatt Gelatine
200 g Früchte der Saison
1 Packung Biskotten

Anleitung:

Topfen mit Zucker, Orangensaft und Sauerrahm verrühren. Schlagobers cremig aufschlagen. Gelatine im kalten Wasser ca 3 Minuten quellen lassen, ausdrücken und in einem Topf bei schwacher Hitze auflösen. Etwas von der Topfenmasse in die aufgelöste Gelatine – danach in die gesamte Topfenmasse rühren, Schlagobers und die Früchte dazugeben. Eine Kastenform mit Klarsichtfolie auslegen, die Biskotten und die Topfencreme schichtweise einlegen.
Vor dem Servieren ein paar Stunden, aber am besten über Nacht kühl stellen.

MARILLENKOMPOTT:

Zutaten:

2 kg Marillen
1 l Wasser
300 g Zucker
(je nach Süße der Marillen – ich verwende hier auch 200 g Gelierzucker und 100 g Zucker)
Saft einer Zitrone
eventuell noch eine Zimtrinde
und Gewürznelken

Anleitung:

Marillen entsteinen und halbieren und in die Gläser schlichten. Das Wasser mit Zucker und den Gewürzen aufkochen, über die Marillen gießen, verschließen und bei 80 Grad ca 30 Minuten einwecken.

Mein Tipp: Beim Kompott verwende ich Gelierzucker, da der Saft dann gleich etwas eindickt!

VORRATSKAMMER IM SOMMER:

Jetzt ist die optimale Zeit zum **Marmelade-Einkochen**. Damit wir uns an den Sommerfrüchten aber auch im Winter noch erfreuen können, gilt es einige Dinge zu beachten.

Meine Tipps:

- Mengenangaben sind immer das schon vorbereitete, fertig entkernte bzw. geschälte Obst oder Gemüse, also das Nettogewicht.
- Immer reifes Obst verwenden – überreifes Obst enthält weniger Pektin (das heißt, es geliert schlecht) und verdirbt auch leichter.
- Der Fruchtgeschmack wird noch besser, wenn man Früchte grob zerkleinert, mit Gewürzen und Zucker vermengt und einige Stunden durchziehen lässt.
- Mischt man verschiedene Früchte, sollte man auf saisonalen Geschmack achten, wie z.B. Erdbeer-Rhabarber oder Holler-Zwetschke.
- Mischt man Fruchtstücke zu pürierten Früchten, dann bitte das Glas nach dem Verschließen auf dem Kopf stellen – dadurch verteilen sich die Fruchtstücke gut im Glas.
- Es ist zudem möglich, Marmelade mit tiefgekühltem Obst zubereiten bzw. kann die bereits fertig abgefüllte Marmelade auch eingefroren werden. Damit habe ich noch nach Monaten eine strahlend rote Erdbeermarmelade!
- Verschließt man das Marmeladenglas mit Zellophanpapier, wird die Konsistenz der Marmelade fester!
- Bei Beeren mit Kernen (Brombeeren, Himbeeren) ist es besser, die Früchte zu passieren als zu mixen. Durch das Mixen platzen die Kerne und es verändert den Geschmack der Marmelade. Die beim Passieren übrig gebliebenen Kerne verwende ich gerne für meinen aromatisierten Essig. (Dazu die Kerne einfach mit einem milden Essig auffüllen, ca 2 Wochen ziehen lassen – abseihen und Sie haben einen herrlichen Himbeeressig für ihren Blattsalat.)
- Hollerbeeren gehören vor dem Genuss gekocht, da sie sonst nicht genießbar sind.

Wie vermeide ich kleine Fehlerteuferln beim Einkochen der Marmelade?

- Immer genau abwiegen!
- Wird die Menge der Früchte erhöht, dann muss auch die Kochzeit erhöht werden!
- Heißt es sprudelnd kochen, dann muss der Fruchtbrei auch gut gekocht werden!
- Immer darauf achten, dass der Topf von der Kochplatte gleichmäßig beheizt wird.
- Kocht man die Marmelade zu lange, gelingt das Gelieren nicht. Das Frucht-Pektin wird zerstört.
- Haben die Früchte zu wenig Pektin, muss man noch zusätzlich Pektin beigeben.
- Um eine Marmelade gut haltbar zu machen, empfehle ich zwischen 55 und 60 % Zuckeranteil, andernfalls würde ich die Marmelade einfrieren oder bald aufbrauchen.
- Immer überprüfen, ob der Glasdeckel beim Verschließen auch zu 100 % dicht ist. Besonders wenn man keine neuen Gläser verwendet. Beim Gebrauch von alten, aber noch intakten Gläsern, stelle ich das fertig verschlossene Glas immer auf den Kopf. So habe ich eine zusätzliche Sicherheit.
- Bei verletzten Früchten und nach einer Regenperiode ist die Anfälligkeit für Schimmel in der Marmelade besonders groß!

Immer wichtig: Eingekochtes, bei dem sich an der Oberfläche Schimmel gebildet hat, nicht mehr essen. Die Sporen der Schimmelpilze haben sich leider schon durch das ganze Eingekochte hindurch gefressen!

Tipps zum Einwecken (Einrexen):

Einwecken kann man alles: Gemüse und Obst. Das Sterilisieren der Gläser funktioniert nicht nur in einem Einkochtopf oder im Dampfgarer – es geht auch hervorragend im Backrohr! Dabei stellt man die Einmachgläser nebeneinander in ein mit Wasser gefülltes tiefes Backblech, dabei sollen sie sich aber nicht berühren. Die Temperatur von 160 Grad Heißluft (da kann ich auch 2 Bleche in den Ofen stellen) passt bei meinem Backrohr perfekt. Der Zeitpunkt der Einkochzeit beginnt dann, wenn die Flüssigkeit in den Gläsern zu perlen beginnt. Natürlich sollten alle Gläser annähernd die gleiche Höhe und den gleichen Durchmesser haben. Die Gläser immer nur bis ca 2 cm unter den Rand füllen. Hat man bei den Gläsern Spangen, dann diese erst nach dem Erkalten weggeben. Verwendet man Gummiringe, dann diese am besten im Essigwasser auskochen bzw. mit Alkohol abwischen.

Einwecken kann man auf 2 Arten: Man kann Früchte mit Zucker vermengen, in Gläser füllen und verschließen ODER man füllt Früchte in das Glas, füllt mit gekochter Zuckerlösung (Wasser und Zucker sprudelnd aufkochen) auf und verschließt das Glas.

Die meisten Früchte für das Fruchtkompott koche ich in der Zuckerlösung auf, fülle sie ins Glas, tropfe Alkohol drüber, zünde diesen an und verschließe sofort das Glas.

Nicht vergessen, dass die Früchte im Glas nachgaren! Daher schon etwas weichere Früchte wirklich nur kurz aufkochen!

Meine Erfahrungswerte bezüglich Zuckerlösung sind:
Bei Birne: 1 l Wasser, 400 g Zucker.
Bei Kirsche: wenig Wasser, 150 g Zucker.
Bei Marille: 1 l Wasser, 300 g Zucker.

Zucker ist immer gut für die Haltbarkeit. Natürlich kommt es auch auf die Reife, die Fruchtsäure und den Fruchtzucker an. Also gehen Sie dabei ruhig etwas nach Ihrem Geschmack und Gespür vor.

PUTZTIPPS:

Die Hundstage im Juli bringen uns meist ordentlich ins Schwitzen. Und nicht selten heiß's dann mehrmals am Tag: Ab unter die Dusche! Waschbecken und Badewanne werden in den heißen Monaten dann auch mehr als strapaziert.

Wie putze ich Waschbecken und Badewanne richtig?

Badewannen und (Porzellan-)Waschbecken, die gelbliche Flecken aufweisen, werden angefeuchtet und mit Backpulver verrieben. **Lassen Sie das Pulver über Nacht einwirken und spülen Sie am nächsten Tag gründlich mit Wasser nach.**
• Ist Ihre Badewanne mit der Zeit stumpf geworden, können Sie einmal Autopolitur verwenden. Tragen Sie diese mit einem weichen Tuch auf, lassen Sie sie kurz einwirken und polieren Sie dann mit einem sauberen Tuch nach.
• Kalkflecken entfernen Sie am besten mit Wasser-Essig-Lösung (1:1) oder Zitronensäurelösung: Ein weiches Tuch mit der Säurelösung benetzen, Waschbecken oder Wanne damit reinigen, mit klarem Wasser nachwaschen. Hartnäckigere Kalkstellen können Sie mit flüssiger Gallseife einreiben. Einwirken lassen und mit klarem Wasser nachwaschen.
• Kalkablagerungen zwischen Armatur und Waschbecken lassen sich optimal mit einer alten Zahnbürste reinigen.

Dusche:

Man sagt, es sei gesund, sich nach einer warmen Dusche kalt abzubrausen. In der Tat ist das auch gesund für Ihre Dusche. Sinnvoll ist es, nach jedem Duschen die Duschwand mit kaltem Wasser abzubrausen, um die Seifenreste zu entfernen. Dadurch verhindern Sie das Entstehen von Kalktropfenrändern. Ideal ist es, anschließend die Wände noch mit einem weichen Tuch trocken zu wischen.
Starke Kalkflecken reinigen sich am besten mit einer Zitronensäurelösung: Auf ein weiches Tuch auftragen, über die Duschkabine wischen, mit klarem Wasser abwaschen und dann abtrocknen.

Abflussverstopfung:

Wenn das Wasser nicht mehr abrinnen kann, dann ist in der Regel entweder der Siphonbereich oder das Abflussrohr verstopft.
Um die Verstopfung wieder frei zu bekommen, verwenden Sie am besten ein ebenso altmodisches wie praktisches und in Wirklichkeit völlig zeitloses Utensil: **die Saugglocke**.
Etwas Wasser ins Becken geben, die Saugglocke über den Abfluss setzen und pumpen.
Eine andere Methode: Geben Sie **3 Esslöffel Natron** oder Backpulver in den Abfluss und gießen Sie ¼ Liter Essig dazu. Mit dem Stöpsel verschließen, einwirken lassen und nach einiger Zeit langsam mit heißem Wasser nachspülen.
Auch **Soda** ist gegen schlecht ablaufende und unangenehm riechende Abflüsse bestens geeignet: 3 Esslöffel Soda mit 2 Liter heißem Wasser langsam in den Abfluss gießen und einwirken lassen. Anschließend mit heißem Wasser nachspülen.

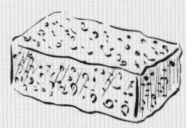

FÜR DIE HAUSAPOTHEKE:

Gerade im Sommer kann ein **Insektenstich** schnell passieren.

Die erste Hilfe war bei uns im Weingarten immer der „Weingartenknofl" oder der Weingartenzwiebel: Den Knofl oder die Zwiebel einfach fest drücken und über den Stich legen.

Mein Schwiegervater hat meinen Kindern auch immer vom **Bettlerbalsam** erzählt: Der Bettlerbalsam ist der Speichel und der hilft ganz oft! Bei Insektenstichen einfach einen **Spitzwegerich** in den Mund nehmen und solange kauen, bis er sich mit Speichel fest vermengt. Diesen Brei dann auf den Insektenstich geben.

Spitzwegerich ist auch ein gutes „Erste Hilfe"-Mittel gegen Blasen an den Füßen oder kleine Schürfwunden. Dazu den Spitzwegerich einfach etwas drücken und auf die betroffene Stelle legen.

Auch ein **Spitzwegerich-Hustentee** hat bei meinen Kindern schon oft geholfen. Dazu ca 5 Spitzwegerichblätter mit ca 125 ml Wasser mixen, wärmen und mit 2 Esslöffeln Honig vermengen. Diesen Saft über den Tag verteilt trinken.

AUGUST

Am 15. August, also zu Mariä Himmelfahrt, beginnt nach bäuerlicher Überlieferung eine besondere Zeit, die bis zum 9. September andauert. Man nennt es auch die „Frauentage". Jetzt sollen Kräuter und Blüten eine besondere Heilkraft haben. Mitte August ist zumeist auch die Getreideernte abgeschlossen. Bei uns daheim wurde das immer mit einem besonderen Essen gefeiert, dem Erntehahn. Ich erinnere mich gern an Mamas gefüllte Bratente oder das Brathendl. Das schmeckte nicht nur ausgezeichnet, vielmehr freuten wir uns auch, dass wir nach der getanen Arbeit immer ein paar Urlaubstage mit unseren Eltern verbringen durften…

BRAUCHTUM:

KRÄUTERWEIHE:

Wie schon erwähnt, wird den Kräutern jetzt eine besondere Heilkraft zugesprochen. Sie werden also gepflückt und bei uns zumeist von den Bäuerinnen zu Kräuterbüscheln gebunden, um sie am 15. August schließlich weihen zu lassen. Im Anschluss an die Weihe werden sie gern an die Kirchenbesucher verschenkt.

Diese Büschel werden nach dem Trocknen auch für die mystischen Rauhnächte im Dezember/Jänner zum Räuchern verwendet, oder eben einfach dort aufgehängt, wo sie Segen bringen sollen – entweder in den Stallungen oder im Wohnraum.

Wichtig: Der Brauch besagt, dass es sieben verschiedene Kräutersorten sein sollen, die je nach Region verwendet werden. (Siehe auch mein Kapitel „Räuchern" im Jänner.) Ich finde diesen Brauch wunderschön, und er ist Gott sei Dank auch wieder im Kommen.

IM GARTEN:

Im August strahlt die Sonne besonders kräftig und lange. So wie schon im Juli brauchen unsere Pflanzen mehr Wasser. Ende August nähert sich die Gartensaison dann langsam dem Ende zu. Sollten Sie **Paradeiser** gepflanzt haben, entfernen Sie bitte jetzt die Blüten denn die Früchte würden ohnehin nicht mehr rechtzeitig reif werden und der Pflanze nur unnötige Kraft kosten. Die **Strauch-** und **Heckenpflanze Buchsbaum** oder **Buchs** sollte jetzt noch einmal in die gewünschte Form zurückgeschnitten werden. In diesem Monat säe ich auch immer **winterharte Salate**, wie z.B. den Feldsalat, aus.

OBST, GEMÜSE UND KRÄUTER IM AUGUST:

Wir erfreuen uns jetzt nach wie vor an der reichen Ernte der Paradeiser. Beim Obst haben im August der **Pfirsich**, **Weingartler** und die **Brombeere** Saison.

Mein Tipp:
Die Blätter der Brombeere verwende ich auch gerne für einen Tee gegen Durchfall oder Sodbrennen. Die Gerbstoffe darin zeigen jedes Mal Wirkung!

Kräuter:
Ich liebe die Kamille. Was ich jetzt ernte, kann ich gut trocknen lassen und später als Hausmittel verwenden. Die Kamille hat eine tolle Wirkung, beispielsweise auch vorbeugend bei beginnender Erkältung.

Nichts geht für mich über ein Thymian/**Kamillenbad:**
Je eine Handvoll getrocknete Kamillenblüten und Thymian in zwei Liter Wasser aufkochen. 15 Minuten ziehen lassen, abseihen und den Sud in das Badewasser geben. Darin 15 bis 20 Minuten bei 35 bis 37 Grad baden.

Und auch bei der Hautpflege eignet sich die Kamille hervorragend!
Hier mein Tipp für ein **Kamillen-Pflegeöl:**
50 g Kamillenblüten und 250 ml kaltgepresstes Sonnblumenöl vermischen. An einem warmen, schattigen Ort ca 5 Wochen stehen lassen und mehrmals schütteln – abseihen und in Flaschen füllen.

MEINE REZEPTE:

ÜBERBACKENER ERDÄPFEL-ZUCCHINIAUFLAUF:

Zutaten:

300 g gekochte Erdäpfel
300 g grüne und gelbe Zucchini
250 g Paradeiser
250 ml Schlagobers
Salz, Pfeffer, 1 Prise Muskatnuss
2 El geschnittene Kräuter
geriebener Käse
Knoblauchzehe

Anleitung:

Geschälte Erdäpfel, Paradeiser und Zucchini in ca 3 mm dicke Scheiben schneiden. Auflaufform ausfetten, mit Knoblauch ausreiben und abwechselnd Erdäpfel- und Zucchini dachziegelartig einschichten. Obers mit Gewürzen und Kräutern vermischen, das Gemüse damit übergießen und mit geriebenem Käse bestreuen. Den Auflauf bei ca 180 Grad Ober-Unterhitze 30 Minuten ins Rohr.

TOPFENKNÖDERL:

Zutaten:

140 g weiche Butter
30 g Zucker
140 g Grieß
140 g Mehl
1 Ei
500 g Topfen

Zuckerbrösel:
120 g Butter
200 g Brösel
80 g Kristallzucker
Zimt

Anleitung:

Die Zutaten zu einem glatten Teig vermengen, eine Rolle formen und zugedeckt ca eine ½ Stunde kühl rasten lassen. Aus der Rolle Scheiben abstechen und zu Knöderln formen. Wasser mit einer Prise Salz und z.B. einem Schuss Apfelsaft, Rum oder Orangensaft zum Kochen bringen. Danach die Knöderln einlegen, Hitze reduzieren und Knöderln ca 10 Minuten ziehen lassen.
Zuckerbrösel: Butter zerlassen, Brösel, Kristallzucker und Zimt dazugeben. Knödel herausnehmen, abtropfen und in Zuckerbrösel wälzen.

GEFÜLLTE MELANZANE:

Zutaten:

2 Melanzane
150 g Fleischparadeiser
1 Zwiebel
250 g Faschiertes
Knoblauch, Salz, Pfeffer
Oregano, Thymian
Suppe

Anleitung:

Melanzane halbieren und bis auf ca ½ Zentimeter aushöhlen.
Fruchtfleisch, Zwiebel und Paradeiser würfeln. Zwiebel glasig anschwitzen, Faschiertes und Knoblauch dazu und durchrösten. Alle anderen Zutaten dazu geben und ca 20 Minuten dünsten. Form ausfetten, Melanzane reinsetzen und mit dem Faschierten füllen. Etwas Suppe darüber gießen und bei 200 Grad ca 20 Minuten garen.

VORRATSHALTUNG:

SÜSS-SAUER EINGELEGTE FRÜCHTE

Essigfrüchte sind leider in Vergessenheit geraten, obwohl sie hervorragend zu Fleischgerichten passen. **Mein Grundrezept:**

Zutaten:

½ l 5%igen Essig
¼ l Wasser
400 g Zucker
1 kg Obst
Gewürze: 2 Lorbeerblätter, 6 Wacholderbeeren, 5 Nelken, 6 Pimentkörner (aber natürlich ist die Zubereitung auch mit anderen Gewürzen möglich)

Anleitung:

• Obst putzen und eventuell zerkleinern
• Essig, Wasser, Zucker und Gewürze kochen
• Das Obst im Sud ziehen lassen und danach in ein Glas schlichten
• Den Sud nochmals aufkochen und kräftig würzen
• Das Obst muss gut mit dem Sud bedeckt werden
• Mit Alkohol beträufeln, anzünden und sofort verschließen.

WEINVIERTLER ESSIGZWETSCHKEN:

Zutaten:

2 kg Zwetschken
350 g Zucker
½ l Rotwein
Salz
¼ l Essig
1 Zimtstange
5 Gewürznelken
Zitronenschale

Anleitung:

Die Zwetschken anstechen. Aus allen Zutaten außer dem Wein einen Sud kochen, den Wein dazu geben und die Zwetschken ca 10 Minuten darin ziehen lassen. Die Zwetschken in Gläser geben, den Sud nochmal aufkochen, abschmecken und die Zwetschken damit gut bedecken. Alkohol darüber träufeln, anzünden und sofort verschließen.

OXYMEL (SAUERHONIG):

In China gilt es längst als Heilmittel, in Russland ist es das erste Getränk nach dem Aufstehen: Der Heiltrunk Oxymel ist bereits seit der Antike bekannt. Übersetzt bedeutet es Sauerhonig, weil seine Hauptbestandteile Essig und Honig, sowie Kräuter oder Gewürze sind. Der Honig-Essig-Trunk ist eine gesunde Alternative zu alkoholischen Tinkturen und ist deshalb sogar für Kinder geeignet. Es wird als Heil- und Stärkungsmittel bei zahlreichen Beschwerden eingesetzt und hilft sogar vorbeugend gegen viele Erkrankungen.

Mein Rezept dafür:

Die zerkleinerten Beigaben - Kräuter, Wurzeln oder Beeren - in ein Schraubverschluss-Glas oder in eine weithalsige Flasche füllen (bei Kräutern verwende ich gerne Vogelmiere, Spitzwegerich und Basilikum; bei Wurzeln greife ich z.B. zu Brennnesselwurzeln und Knoblauchraute und bei Beeren nehme ich gerne Himbeeren, Brombeeren, etc.).
Mit Essig (ideal ist Weinessig) auffüllen und 3-4 Wochen ziehen lassen. Den Essigkräuteransatz abseihen, mit Honig vermischen und in verschließbare Gläser füllen.
Mischverhältnis:
3 Teile Honig, 1 Teil Essig.

Verwendung von Oxymel:

Pur: Löffel- oder stamperlweise als Elixier und **Stärkungsmittel**
Getränke: Mit Wasser oder Mineralwasser verdünnt eignet es sich gut beim **Sport**.
Mit Eiswürfel, Minze-Zweig und Zitronenscheibe gilt es als erfrischender **Wellness-Drink**.
In der Küche verwende ich es gerne als Würzmittel oder **Marinade für Salate**, Saucen oder Grillfleisch.
Fürs **Wohlbefinden**: Je nach Beigaben (Immunstärkung, Rekonvaleszenz, Erkältung, Gurgelmittel etc.) In warmem Wasser auflösen und schluckweise trinken!

HAUSAPOTHEKE:

Sie sehen, der August bietet reichlich für die Vorratskammer, die immer auch bei der Hausapotheke eine große Rolle für mich spielt. Früher am Land war's ja so, dass man nicht sofort wegen jedem Wehwehchen zum Arzt fahren konnte. Die Distanzen waren teilweise zu weit, und überhaupt – man wurde am Feld und im Haus gebraucht. Heute ist das Gott sei Dank anders. Aber die kleinen Mittelchen gegen allerlei Beschwerden des Alltags stehen trotzdem noch bei uns zu Hause.

Gestatten, Doktor Erdapfel...

Erdäpfel waren und sind bei uns im Weinviertel immer parat. Wenn ich jammerte, weil ich **rissige Hände** hatte, sagte Mama immer: „Dann kümmere dich gleich um die Erdäpfel, und du wirst sehen, die Hände werden wieder ganz fein". Und es stimmte! Aber auch bei Gelenksschmerzen wirken warme Erdäpfel wahre Wunder.
Oder bei **leichten Verbrennungen**: Einfach eine rohe Erdäpfelscheibe auf die Rötung legen.
Hatte ich **Halsweh**, war Mamas Erdäpfelwickel eine wahre Wohltat:
Gekochte, zerdrückte Erdäpfel in ein Tuch geben und daraus einen Wickel machen, den man um den Hals legt.

Erdäpfelsalbe:

Erdäpfelsalbe verwendet man bei trockener und rissiger Haut.
2 rohe Erdäpfel, 130 ml Sonnenblumenöl, 13 g Bienenwachs
Erdäpfel reiben und mit dem Öl vermischen. Alles über dem Wasserbad leicht erwärmen, danach durch ein Sieb seihen und ausdrücken. Wieder im Wasserbad erwärmen und das Bienenwachs darin auflösen. In kleine Dosen füllen und kühl lagern (ca 3 Monate).

Tipp bei Husten: In einem Schraubglas klein geschnittenen Ingwer oder Zwiebel abwechselnd mit Honig aufschichten, einen Tag ziehen lassen, und durch ein grobes Sieb abseihen (mit Löffel durchpressen). Dieser Saft hilft sehr gut bei Husten.
Oder: Zwiebel- oder Ingwertee, Zwiebel oder Ingwer grob schneiden, im Wasser kochen, ca 15 Minuten ziehen lassen. In den warmen Tee (nicht kochend) Honig einrühren.

PUTZTIPPS:

Man sagt ja: Am 24. August, also zu Bartholomä, ist der Sommer vorbei. Und dennoch lässt es sich jetzt noch an den meisten Abenden gemütlich im Freien sitzen – entweder im Garten oder am Balkon. Ein Gläschen Wein mit Freunden oder gemeinsames Grillen ist auch für uns am Ende des Sommers immer ein Highlight. Davor und danach ist freilich Putzen angesagt. Ob Garten- bzw. Balkonmöbel oder Kerzenreste aus Windlichtern, aber auch unser Griller hat über den Sommer schon viel mitgemacht…

Wie reinige ich Gartenmöbel aus Teakholz?

Falls Sie Ihre Möbel mit Öl einlassen, müssen diese staubfrei und trocken sein. Ich wasche sie vorher gern mit einer Holzseife, warte dann, bis das Holz vollständig trocken ist und lasse die Möbel anschließend mit Leinöl ein.

Wie löse ich Wachsreste von Kerzenhaltern?

In Laternen, Windlichtern und Lämpchen aus Glas dürfen die Kerzen nicht zu groß sein, denn durch die Hitze kann das Glas zerspringen!

Wenn Kerzen einmal zu dick für Ihren Kerzenhalter oder –ständer sind, halten Sie sie unter heißes Wasser, das macht sie biegsam und weich.

Wachsreste im und am Kerzenhalter lösen Sie am besten in heißem Wasser auf. Und letzte Reste entfernen Sie zum Beispiel vorsichtig mit einer Spicknadel. Um den Kerzenständer nicht zu zerkratzen, können Sie ihn auch über Nacht in die Gefriertruhe legen, das Wachs springt dann von alleine ab.

Wie bekomme ich meinen Grillrost wieder sauber?

Auch hier schwöre ich – wie schon in vergangenen Kapiteln – auf Holzasche! Nehmen Sie ein Stück Alufolie, knüllen Sie es zu einer Kugel zusammen und feuchten Sie diese Kugel gut an. Tauchen Sie sie nun in die Holzkohlenasche und reiben Sie den ebenfalls nassen Rost damit ab. Spülen Sie ihn anschließend mit klarem Wasser gut ab.

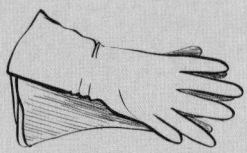

SEPTEMBER

Im September beginnt nicht nur die Schule – lang ist es her, dass meine Kinder stolz mit der Schultüte in die Schule gehen durften – bei uns am Bauernhof bedeutet der Herbst immer viel Arbeit. Die Tage werden jetzt deutlich kürzer und die Herbstarbeit ist voll im Gang: Die Weinlese, Maisernte, Erdäpfelernte, Zuckerrüben. Aber auch die Kürbisernte gehört eingefahren. Die Schwalben verlassen nun ihr Sommerquartier, das sie oft in unseren Häusern hatten, und fliegen in den Süden. Wir sagen ja immer: *„Die Schwalben bringen Glück ins Haus."* Der September ist aber auch ein Monat, in dem es vor allem bei uns am Land um Brauchtum geht.

BRAUCHTUM:

Ab Mitte September ist die Zeit der Heimkehr des Viehs von den sommerlichen Weideplätzen. Wenn es auf der Alm kein Unglück gab, werden die Tiere zum Abtrieb mit bunten Kränzen geschmückt – es wird **Almabtrieb** gefeiert!

DIRNDLSONNTAG:

Wenn ich in meinen Kleiderschrank schaue, sehe ich eine Menge Dirndln – von dem traditionellen bis hin zum modernen. Ich persönlich mag die Tracht sehr. Es ist für mich immer ein Stückchen Heimat und – ganz ehrlich – im Dirndl ist man immer richtig gekleidet. Der Tracht wird jetzt wieder ein größeres Augenmerk geschenkt und dazu hat man in mehreren Bundesländern den **zweiten Sonntag im September** zum Dirndlsonntag ernannt. Nicht nur in den westlichen Bundesländern zieht man zum Kirchgang oder zum Nachmittagskaffee ein Dirndl an. Auch bei uns im Weinviertel wird wieder Tracht getragen.

IM GARTEN:

Der Herbst ist der ideale Zeitpunkt, um Himbeeren und andere **Beerensträucher** zu pflanzen. Beim Kauf der Himbeeren sollte darauf geachtet werden, dass es sich um widerstandsfähige Pflanzen gegen Pilz- und Viruskrankheiten handelt. So kann vielen Himbeer-Krankheiten vorgebeugt werden.

Wenn nicht schon bereits im August erledigt, können Sie jetzt noch neuen **Rasen aussäen**. September ist der letzte Monat im Jahr, in dem das noch problemlos möglich ist. In den folgenden Wochen würde der Boden auskühlen und der Rasen nicht mehr keimen. Gilt auch für das Verlegen von Rollrasen!

Kälteempfindliche Kräuter wie Rosmarin, Basilikum und Lorbeer sollten vor dem ersten Frost aus dem Garten bzw. dem Balkon entweder auf die Fensterbank oder ins **Winterquartier** umgesiedelt werden.

Die Zwiebeln von unseren wunderschönen Frühlingsblumen, wie zum Beispiel Narzissen und Tulpen, setze ich jetzt aus. Ebenso kann noch Rettich und auch das Radieschen im Garten ausgesät werden. Sollten Sie auf Ihrer Fensterbank etwas aussäen wollen, ist jetzt noch im September der richtige Moment für Kerbel und Liebstöckel (das beliebte Maggi-Kraut).

OBST UND GEMÜSE IM SEPTEMBER:

Die Ernte vieler Obst- und Gemüsesorten im September macht zwar Arbeit, aber auch sehr viel Freude.
Das Gemüse ist für mich jetzt der **Sellerie** und **diverse Pilze**. Beim Obst sind es die **Zwetschken**, die **Preiselbeeren** und – natürlich für mich als Weinbäuerin ganz wichtig – **die Trauben**. Man sagt übrigens auch: Wenn die dunklen Trauben reifen, wird auch der Holler reif.

MEINE REZEPTE:

TOPFENSCHMARRN MIT HOLLERKOCH:

Zutaten:

3 Eier
4 Dotter
250 g Topfen
¼ l Sauerrahm
Zitronenschale
etwas Rum
Vanillezucker
160 g glattes Mehl
4 Eiklar
80 g Kristallzucker
70 g Butter

Anleitung:

Dotter mit Topfen, Rahm, Zitrone, Rum, Vanillezucker und Mehl gut verrühren. Eiklar mit Kristallzucker cremig rühren und unter die Topfenmasse geben. Butter in einer Pfanne erhitzen und auf 2 Teile den Schmarrn ausbacken. Man kann den Schmarrn auch nur anbacken und dann im Backrohr bei ca 190 Grad fertig backen.

HOLLERKOCH:

Zutaten:
¼ l Wasser
250 g Zucker
3-4 Gewürznelken
Zimtrinde
Zitronenschale
1 kg gerebelte Holunderbeeren
250 g Obst klein geschnitten
(Äpfel, Birnen, Zwetschken)
2-3 EL Puddingpulver
125 ml Flüssigkeit
(Wasser oder Schlagobers).

Anleitung:
Wasser mit Zucker und Gewürzen (in ein Tee-Ei geben) aufkochen, nach und nach Hollerbeeren und Obst dazugeben und kochen lassen, bis die Hollerbeeren fast weich sind. Puddingpulver mit Flüssigkeit glatt rühren und in die kochende Masse einkochen.

GEFÜLLTE PAPRIKA IN PARADEIS-SAUCE:

Zutaten:

Paradeissauce:
ca ¾ kg reife Paradeiser
40 g Butter
50 g glattes Mehl
½ l Suppe
2 EL Paradeismark
1 Lorbeerblatt
1 Gewürznelke
1 Prise Zucker
Salz, Pfeffer

Paprika:
5 grüne Paprika
500 g Faschiertes
1 Zwiebel
4 EL Öl
250 g gekochten Rundkornreis
Knoblauch, Petersilie
Majoran, Salz, Pfeffer

Anleitung:

Fülle: Zwiebel glasig anschwitzen und mit dem Faschierten, dem gekochten Reis, Knoblauch, Petersilie, Majoran, Salz und Pfeffer gut vermengen.

Sauce: Mehl in Butter anschwitzen, mit Suppe aufgießen, verrühren und Paradeiser, Paradeismark und Gewürze dazu geben – ca 30 Minuten köcheln lassen – pürieren und mit Zucker, Salz und Pfeffer würzen. Vom Paprika im Inneren die Samenkörner entfernen und den Stiel zum Abdecken aufheben. Die Fülle nun in die Paprika füllen und mit dem Stiel wieder abdecken. Die Paprika in die Sauce legen und ca 40 Minuten im Backrohr bei ca 180 Grad Ober-Unterhitze garen.
Wir haben dazu immer Stampferdäpfel gegessen.

VORRATSHALTUNG:

Sowohl **Gemüse** als auch **Kräuter** lassen sich herrlich in Öl einlegen und dadurch haltbar machen. Das Öl hat hier eine konservierende Wirkung.
Viel Gemüse ist vor dem Einlegen in Öl vorgegart. Man kann das Öl mit Kräutern und Gewürzen aromatisieren – das Eingelegte braucht Zeit, damit es das Aroma in Öl voll entfalten kann. Ich nehme am liebsten Sonnenblumenöl, so können Kräuter und Gemüse ihr volles Aroma hergeben.
Damit keine Luftblasen entstehen, gibt man einmal nur wenig Öl ins Glas, dann das Einzulegende darauf, dann wieder Öl dazu leeren usw.

Um eventuelle Lufteinschlüsse entweichen zu lassen, sollte man in der ersten Woche der Lagerung das Glas täglich schütteln!
Legt man Kräuter in Öl, dann müssen diese übertrocknen. Feuchte Kräuter machen Öl trüb – ganz getrocknete Kräuter verlieren an Aroma.
(Beim Übertrocknen schneide ich die Kräuter und lasse sie ein paar Stunden antrocknen – sodass der Pflanzensaft, welcher das Öl trüb machen würde, eingetrocknet ist.) Das Trocknen ist gelungen, wenn die Kräuter beim Angreifen rascheln.

Antipasti:
Gemüse putzen und teilen – auf ein Backblech legen, mit Öl begießen und am besten im Rohr andünsten. Dann mit Salz, Pfeffer, Knoblauch und Kräutern abschmecken. In Gläser schlichten und mit Öl bedecken.

Bärlauchöl:
½ l Sonnenblumenöl
250 g frischer Bärlauch
Öl mit Bärlauch pürieren – in Gläser füllen und mit Öl abdecken – verschließen.

HAUSAPOTHEKE:

Wenn meine Kinder eine Erkältung und Husten erwischt haben, griff ich gerne auf die altbewährten Hausmitteln Kren und Honig zurück.

Kren-Honig (geht auch mit Rettich):
8 EL frisch geriebener Kren, 3 EL Honig
Honig mit Kren mischen und ca 12 Stunden stehen lassen – durch ein Sieb seihen und ausdrücken. Am besten jeden Tag neu ansetzen und drei Mal täglich einnehmen.

Rettich-Honig mit Loch:
1 Rettich, Kandiszucker oder Honig
Den Rettich mit einem Löffel aushöhlen, auf ein Glas setzen und mit einer Spicknadel ein Loch stechen. Jetzt Kandiszucker oder Honig ins Loch geben – über Nacht rinnt der Zucker langsam durch den Rettich ins Glas. Am besten drei Mal täglich 1 EL einnehmen.

MEINE PUTZTIPPS:

Ob im Kleiderkasten oder im Küchenregal: Es gibt wenig, was so lästig ist wie Motten. So mancher Lieblingspulli ist da schon draufgegangen. Und auch wertvolle Lebensmitteln mussten leider in den Mistkübel wandern…

Kleidermotten:
Ich schwöre noch immer auf den Lavendel und das Zedernholz.
Bitte hängen Sie stets saubere Kleidung in den Kasten! Motten haben nämlich nicht nur Speiseflecken, sondern auch Schweißflecken zum Fressen gern.
Der gute alte Kleidersack aus Baumwolle schützt die Kleidung recht gut. Und ein selbstgenähtes Lavendelsackerl ist nicht nur ein gut aussehendes und duftendes Geschenk, es macht auch gegen Motten Sinn, die den Duft nämlich gar nicht ausstehen können.
Meine Mäntel hänge ich am liebsten auf Zedernholzhaken.
Kleidung vor dem Einräumen in den Kasten mindestens bei 40 Grad, am besten aber bei 60 Grad waschen.

Lebensmittelmotten:
Die kleinen Biester nimmt man sich gerne vom Einkauf mit nach Hause. Bitte bewahren Sie Ihre Lebensmitteln immer in geschlossenen Behältern auf. Ich bewahre z.B. Nüsse oder Müsli stets in Rexgläsern mit Gummi und Metallklammer auf. Die Motten finden nämlich auch den Weg durch Schraubverschlüsse.
Bei der Reinigung der Schränke am besten mit einem Haarföhn heiß raus föhnen.

OKTOBER

In den meisten Gemeinden wird am ersten Sonntag im Oktober das Erntedankfest gefeiert. Und bei uns im Weinviertel ist Hochbetrieb in den Weingärten bei der Weinlese. Ich erinnere mich gerne an früher zurück, wo Verwandte und Freunde zur Weinlese gekommen sind. Meine Mama bereitete schon früh morgens Aufstriche, Bratl und Speck für die Stärkung im Weingarten vor. Am Abend wurde dann immer groß aufgekocht, während Papa bis spät in die Nacht im Keller mit der Arbeit beschäftigt war. Heute geht das ja meist schon maschinell und ist somit viel weniger Arbeitsaufwand.

BRAUCHTUM:

ERNTEDANKFEST:

Man kann nie genug „Danke" sagen. Vor allem unserer Natur. Die Lebensmittel sind für uns mittlerweile so selbstverständlich geworden. Anderswo sind sie das nicht. Das Erntedankfest erinnert uns wieder daran, den Wert der Natur zu schätzen. Man vergisst das heutzutage oft. Für das Erntedankfest binden wir aus verschiedenen Getreideähren eine Erntekrone und kleine Sträußchen. Die Krone wird auch oft noch mit Obst und Gemüse geschmückt und am Erntedanksonntag in die Kirche gebracht. Hier wird sie mit anderen Erntegaben (Körben mit Brot, Gemüse, Obst) gesegnet.
Nach der Messe werden Ernteträußerln verteilt und alle feiern und danken für die Ernte des Jahres bei Brot und Wein.

ALTWEIBERSOMMER:

Sehr oft genießen wir im Weinviertel im September/Oktober den Altweibersommer. Aber woher kommt dieser Ausdruck eigentlich? Damit ist natürlich kein Treffen mit vielen alten Frauen gemeint. Der Ursprung führt vielmehr in die Vergangenheit: Mit „weiben" wurde das Knüpfen von Spinnweben gemeint. An den Herbsttagen kühlt es in den Nächten doch schon sehr ab, sodass durch den Tau Spinnweben zu erkennen sind. Es sind glänzende Fäden, die ausschauen wie lange silbergraue Haare. Eine Sage erzählt, dass alte Frauen diese Haare beim Kämmen verloren haben und jenen, an denen diese Fäden hängen bleiben, viel Glück beschert sei. Diese Spinnennetze, zwischen Gräsern, Zweigen, an Zäunen und Mauern, entdeckt man an ungewöhnlich warmen Herbsttagen – deshalb auch „Altweibersommer".

DER NATIONALFEIERTAG (26. OKTOBER):

Am Nationalfeiertag freuten wir uns immer, wenn wir unsere rot-weiß-rote Fahne vom Dachboden holen durften und unser Haus damit beflaggten. Schon im Kindergarten lehrte uns unsere Kindergartentante, dass wir an diesem Tag die Wiedererlangung der Unabhängigkeit feiern.

LOSTAGE IM OKTOBER:

17. Oktober: *"Wenn zu „St.Gallus" Regen fällt, das schlechte Wetter sich bis Weihnacht hält."* Und dann gibt es noch Sprüche, die ich noch von meinem Opa kenne:
„Ist der Oktober warm und fein, kommt ein scharfer Winter hintendrein."
„Fällt im Oktober das Laub sehr schnell, ist der Winter bald zur Stell'. "

IM GARTEN:

Langsam werden die Tage spürbar kälter, insbesondere die Nächte können jetzt schon richtig eisig werden. Nun wird es Zeit, den Garten auf den bevorstehenden Winter vorzubereiten. Dazu gehört es, mehrjährige Gartenpflanzen für das Überwintern fit zu machen.
Das kann bedeuten: Pflanzen zurückzuschneiden oder mit einem schützenden Vlies oder einer Mulchschicht zuzudecken, aber auch frostempfindliche Pflanzen an einen wärmeren Ort zu versetzen.

Was kann ich im Oktober noch ernten?
Ernten Sie jetzt die letzten Früchte Ihrer **Paradeiser, Paprika, Gurken** und **Auberginen**. **Schnittlauch** sollte komplett abgeerntet werden und einige Kohlarten wie z.B. der **Chinakohl** werden noch bis in den November hinein geerntet. Auch der **Kürbis** wird jetzt fällig! Genau wie die **rote Rüben**. Diese eignen sich übrigens gut zum Einlagern. Im Mostviertel und in der Steiermark wird jetzt viel Obst geerntet (im Mostviertel wird daraus ein herrlicher Most gekeltert).

Im Oktober steht neben der **Mais-Ernte** weiters auch die Erdäpfelernte an. Bei uns im Weinviertel gedeihen neben den mehligen auch die speckigen Erdäpfelsorten hervorragend. Beim Kipfler (sehr speckiger Erdäpfel) Klauben waren bei mir zu Hause immer alle eingeteilt: Zuerst das Klauben, das Abladen in den Keller und später das Sortieren für den Verkauf.
Bei den Kräutern liebe ich zu dieser Zeit die **Taubennessel**, den **Salbei** und die **Kornblume**.

Was kann ich im Oktober noch pflanzen?
Für viele Gartenpflanzen ist der Herbst der ideale Pflanzmonat. So können z.B. **winterharte Stauden**, viele **Obstgehölze, Bäume, Sträucher und Hecken**, aber auch **Rosen** noch gepflanzt werden.

In diesem Monat wird nur noch sehr wenig im Garten gesät und gesetzt. Ab Mitte Oktober können Sie **Knoblauch** für die nächste Saison setzen. Zum Schutz vor Frost bedecken Sie ihn mit einer Mulchschicht.

MEINE REZEPTE:

KICHERERBSENAUFSTRICH (HUMMUS):

Zutaten:

250 g Kichererbsen (Dose)
oder 100 g Kichererbsen getrocknet
2-3 EL Sesam (gemahlen)
2 EL Öl
Saft von einer ½ Zitrone
2 Knoblauchzehen
Salz, Pfeffer

Anleitung:

Die getrockneten Erbsen über Nacht im kalten Wasser einweichen und dann weich kochen. Mit gemahlenem Sesam, Öl und Zitronensaft zu einer cremigen Masse verrühren und mit den Gewürzen abschmecken.

KÜRBISKUCHEN:

Zutaten:

6 ganze Eier
240 g Zucker
Vanillezucker
Zimt
240 g Mehl
1 Prise Backpulver
200 g Nüsse
300 g geriebenen Kürbis

Anleitung:

Eier, Zucker, Vanillezucker und Zimt schaumig rühren. Mehl, Backpulver, Nüsse, geriebenen Kürbis darunter mengen und bei 180 Grad Ober-Unterhitze ca 30 Minuten backen.
Einfach nur abzuckern oder mit Ribiselmarmelade bestreichen und mit Schokoglasur überziehen.

KÄSELAIBCHEN:

Zutaten:

100 g gekochte geriebene Erdäpfel
100 g Semmelwürfel
100 g Käse grob gerieben
80 ml Milch
1 Ei
1 gehackte Zwiebel
Kräuter
Muskatnuss

Anleitung:

Zwiebel in Öl anschwitzen und mit Petersilie und Semmelwürfel mischen. Erdäpfel, Milch, Ei und Käse dazu geben und gut würzen. Bei Bedarf etwas Mehl dazu geben. Laibchen formen und auf ein mit Backpapier belegtes Blech legen und bei 180 Grad Heißluft ca 20 Minuten backen.

VORRATSHALTUNG:

DAS EINLEGEN IN SALZ:

Salz wirkt stark wasserbindend, also konservierend. Ich erinnere mich noch gerne an Mamas eingelegtes Fleisch – auch das hatte sie eingesalzen und so war es ohne zu kochen oder einzufrieren für längere Zeit haltbar. Beim Einlegen von Gemüse in Salz muss man dieses putzen, schälen und in kleine Stücke schneiden. Wichtig ist es, danach das Gemüse abzuwiegen, um die richtige Menge Salz beizufügen. **Mein Tipp:** 2 Drittel Gemüse und 1 Drittel Salz.

MAMAS SUPPENWÜRZE

Zutaten:
600 g Petersilienwurzel
ein paar Blätter Maggikraut
(= Liebstöckel)
Grün von Petersilie
300 g Zwiebeln
350 g Karotten
300 g Zeller
300 g Paradeiser
8 Knoblauchzehen
300 g Salz

Anleitung:
Gemüse faschieren, mit Salz gut durchmengen – fest in Gläser drücken und verschließen. Ich nehme ca 1 EL Gemüse auf ½ l Wasser.
Zum Thema 'Faschieren': Ich habe einen Aufsatz für meine Küchenmaschine. Sind die Mengen nicht so groß, geht das auch super in einem Cutter, der ein Superding ist für z.B. die Herstellung von Pesto, Kräutersalz und eben auch zum Zerkleinern des Gemüses für die Würze.

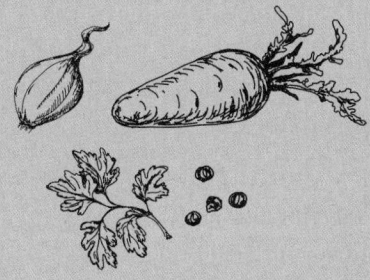

Topfen mit Lavendelöl:

Topfen hilft bei jeder Art von Entzündung, gibt man Lavendel dazu, dann ist es sehr beruhigend für die Haut. Ich mag auch das Lavendlöl, wenn ich mich z.B. leicht verbrenne beim Herausnehmen vom Backblech: ein paar Tropfen Lavendlöl darauf, es beruhigt sofort die Haut (nicht bei Brandblasen).

HAUSAPOTHEKE:

Wenn es begonnen hat zu „Feuchteln", dann war die erste Herbsterkältung oft nicht weit weg. Auch dafür war und bin ich immer wunderbar gerüstet.
Klassiker gegen Fieber und Erkältung waren bei uns immer der **Hollerblütensaft** bzw. der **Hollerblütentee**:
Dazu wird 1 TL Holunderblüten mit ¼ l heißem Wasser übergossen – ziehen lassen. Auch der Hollerbeerensaft – gesüßt mit Honig – ist sehr wohltuend.

Ebenso **Lindenblüten**, **Rettich** und **Ingwer** sind sehr wärmende Pflanzen und werden daher sehr gerne bei Erkältungen eingesetzt, um richtig schwitzen zu können. Ist dann noch der **Husten** dazu gekommen, dann freuten wir uns auf Mamas warmes „Lutschituch" (das wurde auch bei meinen Kindern bei jedem Hustenreiz verlangt).

Das **Lutschituch** ist ein Baumwolltuch, welches gefaltet wird, mit warmem Schmalz (am besten mit Ganslfett, geht aber auch mit Öl) bestrichen wird. Das warme Tuch wird auf die Brust gelegt (noch besser rund um den Körper). Damit es schön warm bleibt, ziehen wir ein enges Unterhemd an, sodass es fest sitzt und nicht verrutschen kann.

Das **Schmalz** ist auch für mich das beste bei einer **verstopften Nase**. Dazu einfach ein bisserl Schmalz auf den Finger geben und fest in die Nasenlöcher einmassieren. Mein Lieblingskraut bei **Husten** ist der **Spitzwegerich**, da er, falls man sehr verschleimt ist, den Schleim wunderbar löst. Einen **Sirup** herzustellen ist keine Hexerei:

150 g Spitzwegerichblätter, 350 ml Wasser und 250 g Kandiszucker.
Die Blätter in 3 cm lange Stücke schneiden und 2 Tage stehen lassen, danach aufkochen, abseihen und gut ausdrücken. Dann mit dem Zucker so lange kochen, bis eine honigartige Konsistenz entsteht – danach noch heiß in Gläser füllen und im Kühlschrank aufbewahren.
3 Mal täglich ein Teelöffel wirkt sehr beruhigend.
Nicht nur der Spitzwegerich, auch die **Zwiebel**, welche ja immer präsent ist, wirkt oft Wunder. Es reicht mir schon, wenn ich den Zwiebel schneide und beim Schlafen neben mich hinstelle. Der Geruch ist zwar gewöhnungbedürftig, aber die Dämpfe der Zwiebel lassen der Nase freien Lauf und man kann wieder richtig durchatmen.
Auch Zwiebel klein geschnitten, lagenweise mit Honig in ein Glas gemischt und nach einem Tag abgeseiht, ist oft ein Wundermittel gegen Husten.

Mein Tipp:
Unser Lieblings-Hustenzuckerl:
3 EL getrockneter Spitzwegerich, 3 EL getrocknete Melisse, 3 EL getrockneter Thymian, 3 EL getrockneter Salbei.
Die Kräuter ganz fein reiben. 250 g Kandiszucker bei schwacher Hitze und ständigem Rühren zergehen lassen und die Kräuter untermischen. In eine Eiswürfelform geben (geht auch einfach auf ein Backpapier, wo es dann nur runtergebrochen werden kann) und kalt werden lassen.

Brennnesselsamen:

Sieht man im Spätsommer die Brennnesseln, fallen sofort die Brennnesselsamen auf! Am besten sind die weiblichen Brennnesselsamen, sie sind grün oder braun und hängen wie Trauben an den Brennnesseln. Entweder schneide ich die ganzen Brennnesselzweige ab und schüttle zu Hause die Samen ab, es geht aber auch vor Ort. Dazu einfach ausreichend Papier unter die Brennnesseln legen und schütteln. Brennnesselsamen auf ein Papier geben und gut durch trocknen lassen, bevor man sie z.B. im Schraubglas aufbewahrt (sonst besteht Schimmelgefahr). Die Brennnesselsamen schmecken leicht nußig und passen wunderbar auf ein Butterbrot, ins Kräutersalz, zu Salaten aber auch ins Müsli.

Bei uns bekommen auch die Hühner im Winter Brennnesselsamen, meine Oma sagte immer: "Das ist wichtig, dann mausern sie nicht. Auch wenn das Fell von Hund und Katz stumpf ist: Brennnesselsamen hilft!"

Uns helfen sie auch bei Müdigkeit, sie geben Elan und sind großartige Eiweißlieferanten! Und auch nicht zu vergessen: Sie haben eine anregende Wirkung auf das Liebesleben…

MEINE PUTZTIPPS:

An den **Fußboden** in Wohnung oder Haus werden oft hohe Ansprüche gestellt. Gerade in den Herbst- und Wintermonaten wird er über die Maßen strapaziert: Glänzen soll er, und zwar streifenfrei, sodass er auf den ersten Blick einen guten Eindruck macht.
Meistens sind Fußböden in den Räumen unterschiedlich, wodurch Reinigung und Pflege sich recht umfangreich gestalten können. Die folgenden Tipps verringern die Arbeit zwar nicht, erleichtern sie jedoch erheblich.

Schlierenfreier Glanz:
Vor dem Aufwaschen wird zuerst dem Staub der Kampf angesagt. Das heißt: Nehmen Sie sich genug Zeit zu moppen, zu saugen oder zu kehren.

Verwenden Sie zum Aufwaschen, ob mit oder ohne Putzmittel, nur kaltes oder lauwarmes Wasser, jedoch nie heißes. Heißes Wasser trocknet zu schnell ab und hinterlässt sichtbare Wischspuren. Auch überdosierte Putz- oder Pflegemittel machen Schlieren.
Ist es jedoch einmal passiert, waschen Sie mehrmals mit viel Wasser nach. Mischen Sie nie verschiedene Putzmittel, denn dadurch bauen sich Schichten auf, die hässliche Spuren zur Folge haben können. Oft bleiben Reste von Reinigungsmittel auf den Flächen, die den Staub schneller anziehen und den Boden mit der Zeit grauer werden lassen.

Mein Tipp:
Mikrofasertücher brauchen kein zusätzliches Reinigungsmittel. Man verwendet sie nebelfeucht und wringt sie vor Gebrauch kräftig aus. Sie sind ideal für viele Böden (aber nicht bei geölten Holzböden), die nicht viel Nässe vertragen. Erneuern Sie das Putzwasser mehrmals und gegebenenfalls auch das Tuch, das den Schmutz aufnimmt.

Schalten Sie **Fußbodenheizungen** während des Putzens ab oder wischen Sie den Boden sofort trocken, sonst sind Streifen vorprogrammiert.

Zum Putzen leicht fettiger oder verschmutzterer Böden, wie in Küchen, empfiehlt es sich, ein paar Spritzer Putzmittel ins Wasser zu geben, denn nur Tenside lösen Fette gut. Produkte mit Tensiden aus heimischen Ölen wie etwa Raps bieten eine Alternative zu rein chemischen Mitteln.

Geölte oder gewachste Böden:
Zum Reinigen geölter Fußböden eignen sich Mikrofasertücher nicht. Hier verwenden Sie am besten ein fusselfreies Baumwolltuch, das sich gut auswringen lässt.
Geölte und gewachste Böden sollten Sie nicht so oft aufwaschen, meist reicht es vollkommen aus, sie zu moppen oder zu saugen.
Wenn Sie nass wischen, dann nur mit klarem Wasser und einem nebelfeuchten Tuch.

Mein Tipp:
Meine Freundin, die in Salzburg eine Hütte bewirtschaftet, reinigt ihren Holzfußboden einmal jährlich von Grund auf. Dazu verwendet sie Holzasche, die

sie mit einer Bürste in den Boden einmassiert, und anschließend mit klarem Wasser wieder wegwischt. Der alte Holzboden ist hinterher wie neu. **Die Pflege danach darf natürlich nicht vergessen werden** (z.B. einölen).

Versiegelte Holzböden:
Auch versiegelter Boden mag nicht zu viel Wasser. Am besten saugen und moppen Sie ihn nur bzw. wischen wenn, dann lediglich ab und zu nebelfeucht und mit klarem Wasser darüber.

Mein Tipp:
Stellen Sie Blumentöpfe oder -kübel immer erhöht auf, damit Sie keine Wasserränder auf dem Boden hinterlassen.

Laminat:
Am schönsten werden auch diese Böden, wenn Sie sie nach dem Moppen oder Saugen nur nebelfeucht mit klarem Wasser waschen und so trocken wie möglich nachwischen. Verwenden Sie auch bei hartnäckigen Flecken niemals Schmierseife.
Flecken auf Laminat lassen sich mit einem Schmutzradierer oder auch mit Spiritus entfernen. Probieren Sie Spiritus, jedoch nach Möglichkeit, erst an einer nicht sichtbaren Stelle aus.

Fliesen:
Bodenfliesen können Sie absaugen und dann mit lauwarmem, klarem Wasser wischen. Bei starker Verschmutzung mit Wasser und Allzweckreiniger vorwaschen und mit klarem Wasser nebelfeucht nachwischen.

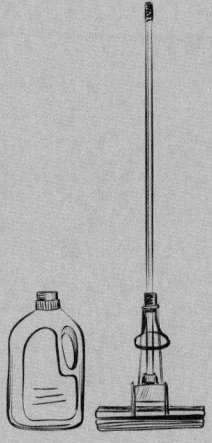

NOVEMBER

Geburt und Tod – der natürliche Zyklus des Lebens wird uns vor allem im November sehr bewusst gemacht. Eine Zeit der Besinnung, die bereits am 1. Tag des Monats beginnt: Zu Allerheiligen und am Tag darauf, zu Allerseelen, gedenken wir der Toten. Die Gräber am Friedhof sind festlich geschmückt mit Chrysanthemen und schönen Gestecken. Am Nachmittag findet die Heldenehrung beim Kriegerdenkmal statt und der Gang zum Friedhof mit der Segnung der Gräber. Die Familien nehmen das zum Anlass, um sich zu treffen und ihrer verstorbenen Verwandten zu gedenken. Aber auch sonst wird das Brauchtum im November hoch gehalten.

BRAUCHTUM:

ALLERHEILIGEN:

Vor dem Friedhofsgang wurden bei uns am Land die **Allerheiligenstriezeln** eingesammelt. In vielen Gegenden werden die Striezeln auch heute noch von den sogenannten „Godn", den Tauf- und Firmpaten, gebacken und dem Patenkind geschenkt. Dies soll die Kinder an die Heiligen erinnern. Oft wurde in dem Gebäck noch eine Silbermünze versteckt. Meine Schwester und ich durften noch mit dem Korb zu Nachbarn und Freunden ausziehen und Striezeln sammeln. Wie haben wir uns gefreut, wenn der Korb voll gefüllt war! Aber was macht man mit soviel Gebäck? Auf alle Fälle gab es zum Frühstück einen Marmeladestriezel und spätestens am Freitag (war ja immer ein Mehlspeistag) wurde ein Scheiterhaufen mit Äpfel zubereitet.

Auch heute freuen sich meine Töchter auf den Frühstücksstriezel zu Allerheiligen. Zwar gibt es den Striezel nicht mehr körbevoll, aber der von Oma und Mama muss es unbedingt sein.

In den Ortschaften wird bei uns am Vorabend zu Allerheiligen oft „Striezel geschnopst" – so ist der Frühstückstriezel in vielen Häusern gesichert!

Im Burgenland hat der Heiligenstriezel als Liebesgabe eine wichtige Rolle: Am Abend vor Allerheiligen haben ihn die Burschen gekauft, damit sie ihn am Feiertag ihren Liebsten als **Verehrerstriezel**" schenken konnten.

In der Steiermark hingegen haben Mädchen jenen Burschen, die sie auserkoren haben, von ihrem „Heiligenstriezel" kosten lassen. Wenn der Bursch ein ordentliches Stück gegessen hat, war die Liebeserklärung angenommen.

11. NOVEMBER MARTINI:

*„St. Martin setzt si scho mit Dank
zum warmen Ofen auf die Bank!"*

Früher sagte man, mit dem **Martinstag** ging auch das bäuerliche Wirtschaftsjahr zu Ende. Oft gab man den Helfern am Hof Naturalien, wie etwa eine selbst gemästete Gans, was sich in unseren Küchen rund um Martini noch immer gerne fortsetzt. Vor der Adventzeit, welche ja eigentlich eine Fastenzeit ist, wurde nochmals üppig gegessen. Traditionell wird auch heute rund um Martini ein gebratenes Gansl verzehrt und meistens mit Blaukraut und Erdäpfelknödeln serviert.

Der Heilige Martin wurde schon immer mit Gänsen in Verbindung gebracht. Der Legende nach waren es nämlich die Gänse, die ihn in seinem Versteck durch lautes Schnattern verraten haben, als er sich zuvor weigerte, das Bischofsamt anzunehmen. Das **Martinsfest** hat denn auch mit Nächstenliebe und Teilen zu tun. Sehr berührend ist es jedes Mal, den Kindern beim Laternderl-Umzug zuzuschauen.

Martiniloben:
Rund um den **11. November**, dem Festtag des Hl. Martin, wird allerorts zum **Martiniloben** geladen. Der Brauch hat eine lange Tradition und stammt aus jener Zeit, als der junge Weißwein noch in Fässern reifte und jährlich rund um den 11. November erstmals verkostet werden konnte. Heute hat sich das Martiniloben zu einem Fixpunkt im vinophilen Event-Kalender entwickelt, das jährlich tausende Gäste anlockt. Weinbauern aus zahlreichen Weinbaugemeinden öffnen ihre Keller und laden zu Weinsegnung, Verkostung und kulinarischen Schmankerln.

FEDERNSCHLEISSN:

Der Winter war früher die beste Zeit für Frauen, die über das ganze Jahr gesammelten Federn zu schleissen. Das bedeutet, die Daunen vom Kiel zu trennen. Gänsefedern waren besonders beliebt, aber es wurden auch die Federn von den Enten geschlissen. Ich erinnere mich noch, dass wir über einige Tage hinweg Feder für Feder zupften. Man nahm eine Feder in die eine Hand und mit der anderen entfernten wir die feinen, weichen Federnteile vom Kiel. Dieser ist Abfall – das Abgeschlissene – und der Flaum- wurde in selbstgenähte Polsterinletts gefüllt. Das schönste beim Federnschleissn war der Tratsch und Klatsch und natürlich die Jause. Es war immer lustig und es kam zum „Wissensaustausch" über die neuesten Liebschaften und Trennungen im Dorf.

„Es kündet die Elisabeth, was der Winter alles kann.
Ist der November kalt und klar, wird trüb und mild der Januar"

Bauernregel,
Tag der Heiligen Elisabeth
am 19. November

IM GARTEN:

Das Gartenjahr neigt sich nun langsam aber sicher dem Ende zu. Dem Gärtner bleibt jetzt nicht mehr viel übrig, als die letzten Ernten einzufahren und den Garten winterhart zu machen.

Blumenzwiebeln können immer noch gesetzt werden. Je später man sie setzt, desto später blühen sie. Frühlingsblumen, wie z.B. Tulpen, Osterglocken und Krokusse, können Sie problemlos noch pflanzen.

Wurzelnackte Obstbäume wie Apfel, Zwetschke, Kirsche und Birne werden noch bis kurz vor der Winterruhe-Phase gepflanzt.

Dahlien und **Gladiolen** werden im November zur Überwinterung vorbereitet: Dazu die Knollen vorsichtig aus dem Boden nehmen und die Erde entfernen. Ideal überwintern sie in Kisten mit trockenem Sand an einem trockenen und kühlen, aber nicht frostigen Ort.

Bitte vergessen Sie nicht, jetzt auch den **Rasenmäher** einzuwintern. Davor entfernen Sie etwaige Rasenreste. Ist das Messer Ihres Rasenmähers stumpf, ist nun der richtige Zeitpunkt, es wieder schärfen zu lassen.
Gleiches gilt für Ihr **Gartenwerkzeug:** Reinigen Sie dieses jetzt und ölen Sie dieses bei Bedarf. An einem trockenen Platz überwintert es unbeschadet und Rost hat keine Chance.

Wichtig:
Vergessen Sie nicht eventuell vorhandene Wasserhähne und andere wasserführende Armaturen und Einrichtungen zu leeren, bevor Minusgrade das **Wasser** in den Leitungen gefrieren lässt. Besonders das Wasser in den Gartenschläuchen friert schnell ein und sorgt dafür, dass die Düsen oder Handbrausen platzen.
Auch Regenfässer und Gießkannen sollten geleert werden.

Was kann ich jetzt noch ernten?
Im November und Dezember werden die letzten Gemüsesorten im Garten geerntet. Unter anderem können noch Ernten von **Kren, Lauch, Spinat, rote Rüben, Karfiol** und **Chinakohl** eingefahren werden.

MEINE REZEPTE:

MARTINI-GANSL:

Zutaten:
1 junge Gans (ca 3,5 kg)
Salz, Pfeffer
Für die Fülle:
8 Scheiben Toastbrot
1 EL Schmalz
1 Zwiebel
10 Maroni
5 Dörrzwetschken
2 Äpfel
3 Eier, Milch
Salz, Pfeffer
Majoran
Muskatnuss

Anleitung:

Nehmen Sie die Gans aus. Von den Innereien stellen Sie die Leber für die Fülle beiseite und schneiden Sie sie klein.
Machen Sie sich zunächst an die Zubereitung der **Fülle**: Die **Maroni** auf der gewölbten Seite kreuzförmig einschneiden, auf ein Blech legen und im Rohr bei 180 Grad ca 15 Minuten braten. Abschließend schälen und zerkleinern.
Toastbrot in Würfel schneiden und mit den **Eiern** und ein wenig **Milch** vermengen. **Äpfel** schälen, entkernen und mit den **Zwetschken** kleinwürfelig schneiden. **Zwiebel** schälen und hacken.
Im heißen Schmalz wird nun die Leber mit Zwiebel und Majoran angeschwitzt. Als nächstes geben Sie die gewürfelten Äpfel und Zwetschken dazu. Gut durchrühren, ehe Sie das Leber-Zwiebel-Gemisch mit dem gewürfelten Toastbrot und den Maroni vermischen. Mit Salz, Pfeffer und geriebener Muskatnuss gewürzt, ist die Fülle nun fertig und sollte kurz rasten.
Wenden Sie sich nun wieder dem Geflügel zu. **Die Gans** wird geputzt, das heißt, von allen Federresten befreit. Flügel und Hals werden abgetrennt und grob zu Gänseklein gehackt. Die Gans verträgt innen und außen eine kräftige Portion Salz und Pfeffer.
Nun füllen Sie die fertige Semmelmasse in die ausgenommene Gans. Die Öffnung am besten mit Hilfe eines Zahnstochers oder einer starken Nadel verschließen, damit die Fülle nicht austritt.
Gänseklein in Schmalz anrösten. Gans in die Pfanne setzen und im vorgeheizten Rohr bei 200 Grad rund 3 Stunden braten. Zwischendurch immer wieder mit eigenem Saft übergießen.
Dazu empfehle ich Erdäpfelknödel!

...Siehe nächste Seite

ERDÄPFELKNÖDEL:

Zutaten:
500 g mehlige Erdäpfel
125 g Erdäpfelstärke
2 EL Grieß, Salz
80 ml Milch
1 Ei
1 gehackte Zwiebel
Kräuter
Muskatnuss

Anleitung:
Für die Knödel Erdäpfel mit Schale in Salzwasser weichkochen, abseihen und ausdampfen lassen. Dann schälen und noch warm pressen. Sofort mit dem Erdäpfelmehl, dem Grieß und dem Salz vermengen. Formen Sie eine Teigwurst, von der Sie gleich große Stücke abschneiden und zu kleinen Knödeln rollen. Reichlich Salzwasser aufkochen, die Knödel einlegen und bei kleiner Hitze ca 10 Minuten kochen.

Mein Tipp:
Erdäpfelknödel lassen sich auch wunderbar auf Vorrat zubereiten. Die Knödel fertig kochen, einfrieren und im gefrorenen Zustand wieder ins kochende Salzwasser geben. Sie sind fertig, wenn sie aufschwimmen.

MOHNSTRUDEL AUS ERDÄPFELTEIG:

Zutaten:
300 g gekochte gepresste Erdäpfel
300 g Mehl
1 Prise Backpulver
1 Ei
60 g weiche Butter
80 g Staubzucker
Fülle: ¼ l Milch
3 EL Honig
ca 50 g Zucker
Vanillezucker
1 EL weiche Butter oder Schmalz
350 g geriebener Mohn
50 g Powidl
2 EL Rosinen
Rum, Zitronensaft
Zimt
1 Ei zum Bestreichen

Anleitung:
Für den Teig am besten die lauwarmen Erdäpfel mit den restlichen Zutaten verkneten und zugedeckt ca ½ Stunde rasten lassen.
Für die Fülle Milch, Zucker und Vanillezucker miteinander aufkochen. Mohn einrühren, etwas ziehen lassen und dann die restlichen Zutaten unterrühren.

Erdäpfelteig auf einem bemehlten Küchentuch ausrollen und mit der Mohnfülle bestreichen – den Strudel einrollen, mit Ei bestreichen und im vorgeheiztem Rohr bei 180 Grad Ober-Unterhitze ca 30 Minuten backen.

PIKANTES SURSCHNITZERL:

Zutaten:
4 Surschnitzerl
Fülle:
1 Zwiebel
2 bunte Paprika
150 g Speck
100 g Pilze
Senf
Zum Panieren:
Mehl, Ei, Brösel
Fett zum Ausbacken

Anleitung:
Für die Fülle alles würfelig schneiden und mit 2 EL Senf zu einer Masse abrühren. Schnitzerl klopfen und mit der Fülle füllen. Ränder gut zusammendrücken und mit Mehl, Ei und Brösel panieren. Im Fett goldgelb ausbacken.

NUDELN MIT KÜRBIS-PAPRIKASAUCE:

Zutaten:
250 g Nudeln
1 Zwiebel
30 g Butter
250 g Kürbisfleisch
3 bunte Paprika
125 ml Gemüsesuppe
1 Becher Creme fraiche
etwas Mehl
Kräuter
Kräutersalz
Salz und Pfeffer

Anleitung:
Zwiebel schneiden und in Butter anschwitzen, Kürbis und Paprika nudelig schneiden, durchrösten, mit Suppe aufgießen und bissfest dünsten.
Creme fraiche mit Mehl glattrühren, unter die Sauce mengen und cremig einkochen. Gut abschmecken. Nudeln nach Packungsanleitung kochen und dazu servieren.

HAUSAPOTHEKE:

Vor allem in der kalten Jahreszeit leidet unser Haar durch die trockene Luft extrem. Bier war für meine Mama bei der Haarpflege immer ein Thema. Der Apfelessig wiederum stellte sich für meine verfilzten Haare als wahres Wundermittel heraus. Zusätzlich empfahl mir meine Oma Roggenmehl als Pflege für Haut und Haar.

Gutes für unser Haar:
Mit einem Pürierstab 2 EL Roggenmehl, 250 ml Bier, 1 TL Apfelpektin und 1 EL Apfelessig vermengen – in das nasse Haar einmassieren – kurz wirken lassen und gut ausspülen.

Auch die **Brennnesseln** sind ein uraltes Pflegemittel für Haare.
2 Handvoll frische Brennnesseln oder 150 g getrocknete Blätter und Wurzel, 500 ml Wasser und 250 ml Apfelessig.
Wasser kochen und die Brennnesseln übergießen. Ca 3 Stunden zugedeckt ziehen lassen, abseihen, die Brennnesseln ausdrücken, mit dem Essig mischen und in Flaschen füllen. Nach dem Haarwaschen in die Kopfhaut massieren.

MEINE PUTZTIPPS:

Silber ist eine Zier – nicht nur als Schmuck, sondern auch im Haushalt. Etwa als Besteck auf einem festlich gedeckten Tisch. Leider hat es den Nachteil, dass es mit der Zeit dunkel anläuft und eine schwarze Patina bekommt. Da Silber kein reines Edelmetall ist, sondern eine Legierung, reagiert es mit dem in der Luft enthaltenen Schwefelwasserstoff. Das Anlaufen des Silbers ist ein Oxidationsprozess zwischen Silber und Schwefel.

Meine Lieblingsmethode, Silber zu putzen, ist die **Alufolien-Methode**. Dazu lege ich eine Schüssel mit Alufolie aus, und zwar mit der glänzenden Seite nach oben. Dann fülle ich die Schüssel mit warmem Wasser und gebe ein paar Löffel Salz hinzu. Ich lege nun das Silber fünf bis zehn Minuten lang in das Salzwasser. Anschließend spüle ich es gut mit klarem Wasser nach und trockne es ab. Was wie von Zauberhand erscheinen mag, wird durch eine chemische Reaktion mit dem Aluminium im Salzwasserbad bedingt, durch die die dunklen Ablagerungen gelöst werden.

Weitere Reinigungstipps:
Die im Handel erhältlichen Tauchbäder sind zwar einfach zu handhaben, jedoch ziemlich aggressiv und deshalb für Besteck nicht geeignet. **Silberputztücher** sind spezielle weiche Tücher, die mit bestimmten Substanzen versehen und imprägniert sind. Diese Tücher sind nicht waschbar, da sie sonst die Imprägnierung verlieren würden.
Ein alter Trick, um Silber wieder zum Glänzen zu bringen, ist die Reinigung mit **Zahnpasta**. Dazu geben Sie die Zahnpasta auf eine ausrangierte weiche Zahnbürste, tragen sie vorsichtig auf das Silber auf, lassen die Pasta kurz einwirken und reinigen anschließend mit Wasser gründlich nach.

Schnelltipp:
Wenn es einmal besonders schnell gehen soll: Silber mit Backpulver bestreuen, mit einem feuchten Tuch putzen, mit klarem Wasser nachwaschen und abtrocknen.

DEZEMBER

Mit der Adventzeit sollte eigentlich die stillste Zeit im Jahr beginnen. Dies trifft heute allerdings immer seltener zu: Die Hektik der Vorbereitungen für das Weihnachtsfest lassen nur bedingt das Gefühl für Stille und Besinnlichkeit aufkommen. Auch mein Alltag als Ehefrau, Mutter, Haushaltsexpertin und Seminarbäuerin ist – so sehr ich all das von Herzen liebe – zumeist recht voll mit Terminen. Dennoch bemühe ich mich, mir die Stimmung für den Advent zu bewahren. Und es gibt so viele schöne Momente dafür im Dezember: Von der Adventkranzweihe angefangen übers Keksebacken bis hin zu den magischen Rauhnächten, die zu Weihnachten beginnen.

Ich wünsche auch Ihnen, liebe Leserinnen und Leser, dass Sie die Adventzeit und die Weihnachtsfeiertage genießen können. Manchmal muss man sich dafür bewusst ein bisschen Zeit „freischaufeln", um den Blick aufs Wesentliche wieder zu bekommen.

BRAUCHTUM:

ADVENTKRANZ:

Was wäre die Vorweihnachtszeit ohne unseren Adventkranz? Dafür beginnen wir bereits im November mit den Vorbereitungen. Die Tannenzweige sollten drei Tage vor dem 11. Vollmond im Jahr, also meist schon im November, geschnitten werden. Dann halten die Nadeln besser und fallen in unseren warmen Räumen nicht so schnell ab. Am Samstagabend vor dem ersten Adventsonntag werden die Adventkränze schließlich in die Kirche zur Weihe gebracht.

4. DEZEMBER:

An diesem Tag wird das Fest der Heiligen Barbara gefeiert. Dann schneidet man die berühmten Kirschzweige ab, und stellt sie in eine Vase mit ein bisschen Wasser. Der Brauch besagt: Blühen die Zweige bis zum 24. Dezember, gibt es in dieser Familie eine Hochzeit bzw. Glück und Segen. Bei mir blühten sie im Vorjahr und – siehe da! – unser ältere Tochter heiratet heuer.

6. DEZEMBER:

Wie gerne erinnere ich mich an den Nikolo! Gespannt warteten meine Kinder in der Küche und fürchteten sich auch ein bisserl, dass eventuell der Krampus mitkommt. Am Vorabend wurden alle Stiefel schön geputzt und am Fensterbrett in ihrem Zimmer platziert – natürlich immer in der Hoffnung, dass die Stiefel morgens prall gefüllt sind.

8. DEZEMBER:

Um diesen Tag herum, also zu Maria Empfängnis, hat bei uns das Backen der Weihnachtsbäckerei begonnen.
Die ersten Teige wurden vorbereitet, und durch das Haus zog der wunderbare Duft von Lebkuchen. Jeder freute sich auf das Backen der Krapferln (= Weinviertlerisch für Kekse), und ich weiß noch: Bei Oma durften vor dem Heiligen Abend keine Kekserl genascht werden. Finger weg! Sehnsüchtig schauten wir auf die Dosen und Schachteln ganz oben in der Speis' und überlegten fieberhaft, wie wir sie unbemerkt öffnen konnten.
Besonders habe ich noch die selbstgemachte Schokolade meiner Tante in Erinnerung: Die wurde gemacht, sobald der erste Schnee fiel. Zum Trocknen wurde sie nämlich einfach in den Schnee gestellt. Nur so wurde sie besonders glänzend!

24. DEZEMBER:

Endlich Weihnachten! Am Fest der Liebe starten auch die Rauhnächte. Mein Großvater erzählte mir, dass sein Vater mit Weihrauch in der Räucherpfanne den Stall, die Wirtschafts- und die Wohnräume ausräucherte. Die Tiere im Stall bekamen ein so genanntes Weihknödel: Dieses wurde aus Weihwasser, Getreideschrot und Mehl gemischt. Oder aber sie bekamen einfach ein geweihtes Brot.

Das Räuchern:
Wie für den Monat Jänner am Anfang meines Buches ausführlich beschrieben, gibt es zwölf Rauhnächte – beginnend mit dem 24. Dezember. Das Räuchern soll **Gesundheit, Glück** und Segen bringen.

Die Räucherbündel bestehen im Idealfall aus **sieben verschiedenen Kräutern** – je nach Region – und sollten am 15. August (zu Mariä Himmelfahrt) geweiht und danach getrocknet werden. Sollten Sie die Weihe im Sommer nicht schaffen – auch kein Malheur! – das Räuchern ist immer gut, und wird im städtischen Bereich auch gerne beim Beziehen von einer neuen Wohnung gemacht: Raus mit den alten Energien! Dazu werden die Kräuter mit einem Faden zu einer dicken Zigarre zusammengebunden, an einer Seite angezündet und die Flamme wird sogleich wieder ausgeblasen. Der Stick glimmt und raucht jetzt. Damit geht man dann durch die Räume.

31. DEZEMBER:

Zu Silvester wurde bei uns am Vormittag in Haus und Hof ordentlich zusammengeräumt. Und: Es durfte keine nasse Wäsche am Dachboden hängen! Der Aberglaube besagt, dass ein Mensch oder ein Tier im Haus stirbt, wenn in den Rauhnächten Wäsche zum Trocknen hängt.

IM GARTEN:

Im Garten ist im Dezember eigentlich so gut wie nichts zu tun. Außer, Sie müssen Gartenwege vom Schnee freischaufeln.
Und Sie sollten nach wie vor bitte nicht vergessen, die Pflanzen im Winterquartier zu gießen.
Am 21. Dezember ist die Wintersonnenwende: An diesem Tag ist also die längste Nacht des Jahres.

MEINE REZEPTE:

Im Dezember dreht sich bei uns daheim in der Küche natürlich das Meiste rund ums Backen. Gern lasse ich Sie auch hier über meine Schulter schauen und gebe Ihnen ein paar Tipps. Etwa, wie der Lebkuchen wirklich gleich weich wird.

LEBKUCHEN, DER GLEICH WEICH IST:

Zutaten:
900 g Roggenmehl
300 g geriebene Nüsse
400 g Staubzucker
120 g Honig
2 EL Lebkuchengewürz
1 EL Natron
6 Eier
Zitronenschale

Anleitung:
Aus den Zutaten einen Teig kneten, ca 1 cm dick ausrollen und beliebig ausstechen. Bei 160 Grad Ober-Unterhitze immer hell backen. Das hilft, dass er nicht hart wird.

Mein Tipp:
Ist der Lebkuchen doch einmal zu hart geworden – einfach einen Apfel bzw. Apfelspalten in die Aufbewahrungsdose legen. Bald darauf ist er wieder weich.

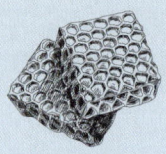

FRÜCHTEKRANZ:

Zutaten:
250 g Butter
5 Eier
200 g Staubzucker
Vanillezucker
ca 60 ml Rum
400 g Mehl
1 Prise Backpulver
2 geraspelte Äpfel
70 g Dörrzwetschken
klein geschnitten
1 Handvoll Rosinen
2 Rippen geriebene Schokolade

Anleitung:
Butter, Eier und Zucker schaumig rühren, Rum dazu – und zum Schluss das Mehl mit dem Backpulver unterrühren. Dann Früchte und geriebene Schokolade beigeben.

Den Teig in eine gefettete Kranzform geben und bei 180 Grad Ober-Unterhitze ca 40 Minuten backen.

Klebt der Teig beim Ausrollen, dann ziehen Sie einen Nylonstrumpf über das Nudelholz.

VANILLEKIPFERL:

Zutaten:
270 g Mehl
200 g Butter,
100 g geriebene Nüsse
60 g Staubzucker
Vanillezucker
Staubzucker
Vanillezucker zum Wälzen

Anleitung:
Die Zutaten rasch zu einem Teig verkneten und eine halbe Stunde kühl rasten lassen. Den Teig zu ca 3 cm dicken Rollen formen, kleine Stücke abschneiden und zu Kipferln wuzeln.
Bei 180 Grad Ober-Unterhitze hell ausbacken und noch heiß im Staubzucker/Vanillezucker wälzen.

SPRITZBÄCKEREI:

Zutaten:
500 g Butter
350 g Staubzucker
1 Prise Vanillezucker
3 Eier
800 g glattes Mehl

Anleitung:
Butter, Eier und Zucker schaumig rühren, die anderen Zutaten untermengen. Mit einem Spritzsack Kipferl, Stangerl oder Ringerl auf ein mit Backpapier belegtes Blech spritzen. Goldgelb backen.
Man kann das Gebäck dann mit Marmelade zusammensetzen und auch mit Schokoladenglasur verzieren.

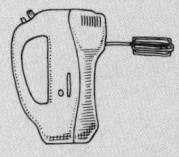

VORRATSHALTUNG:

Früchte dörren (trocknen):
Obst, Gemüse, Blüten und auch Kräuter lassen sich freilich zu jeder Zeit dörren; also im Sommer genauso wie im Winter. Im Dezember trockne ich besonders gerne Äpfel und Birnen. Anbei serviere ich Ihnen meine persönlichen Methoden. Suchen Sie sich einfach – je nach Jahreszeit – eine aus.
Als Faustregel gilt: Je höher der Zuckergehalt der Früchte ist, umso besser lassen sie sich dörren.
Natürlich muss das Obst die beste Qualität haben und Sie sollten die Früchte – wenn nötig – vorschneiden, sodass alle dieselbe Dicke haben. Man kann auch im Freien vortrocknen – es sollte nur zügig erfolgen und bei gleichbleibender Temperatur. Trocknet man bei einer zu niedrigen Temperatur, können die Früchte zum Faulen beginnen. Ist die Temperatur hingegen zu hoch, werden sie dunkel.

Trocknen an der Luft (gilt für die wärmere Jahreszeit):
Nicht zu dick schneiden und locker am besten auf ein Gitter in den Schatten stellen. Man muss auch darauf achten, dass die Luftfeuchtigkeit nicht zu groß ist. Oft kann das Trocknen schon einige Tage bis Wochen dauern.

Trocknen im Backrohr:
Immer bei Umluft und offener Tür trocknen. Dazu einfach einen Kochlöffel in die Tür stecken. Kräuter bei max. 30 Grad, Gemüse und Früchte bei ca 50-60 Grad trocknen. Handelt es sich um dicker Geschnittenes, kann man schon auch mit 70-80 Grad trocknen. Getrocknet wir sowohl am Rost als auch auf einem mit Backpapier ausgelegten Blech.

Im Dörrapparat:
Durch die gleichmäßige Luft mittels Ventilator lassen sich Lebensmittel sehr gut trocknen.
Äpfel:
Beim Äpfeltrocknen die Äpfel in gleichmäßige Scheiben schneiden. Nun kann man, um die Äpfel schön hell zu trocknen, diese in Zitronenwasser (1 l Wasser/40 ml Zitronensaft) blanchieren. Gut abtrocknen und locker zum Trocknen auffädeln oder auflegen.
Blüten, Kräuter und Gemüse:
Blüten und Blätter bitte immer im trockenem Zustand ernten. Die Blütenblätter sollten sich gerade öffnen.
Gemüse sollten man dünn schneiden, bevor man es trocknet.
Bei Paradeisern diese halbieren, eventuell Innenteil herausnehmen, mit Kräutersalz bestreuen und mit der Schnittfläche nach oben auf einen Rost legen. Sind die Paradeiser dann schön „faltrig", gebe ich diese mit getrockneten Kräutern in ein Glas und fülle es mit Sonnenblumenöl auf.
Vergessen sie nicht, dass man auch oft auf natürliche Wärmequellen zum Trocknen zurückgreifen kann (wie z.B. Sonne, Kamin, Heizhaus)
Bei uns zu Hause ist es der Dachboden, da er im Sommer eine konstante Temperatur um die 40 Grad hat und schön dunkel ist.

Zum Aufbewahren des Getrockneten immer luftdichte Behälter nehmen. Wenn nach dem Trocknen beim Aufbewahren im Behälter Wassertropfen entstehen, bitte sofort nachtrocknen, da es sonst schimmelt!

ROTWEINLIKÖR:

Zutaten:
1 l Rotwein
650 g Zucker
2 Vanilleschoten
¼ l Weingeist
¼ l Rum
4 Gewürznelken
1 Zimtstange
2-3 Orangen (in Scheiben geschnitten).

Anleitung:
Rotwein, Zucker und die ausgekratzte Vanille erhitzen, aber nicht kochen. Auskühlen lassen und mit den anderen Zutaten 8-10 Wochen ruhen lassen. Danach abseihen und in Flaschen füllen.

MEINE HAUSAPOTHEKE:

Durch die kalten Temperaturen im Freien und die Heizungsluft in den Räumen können unsere Lippen jetzt recht trocken und spröde sein. Ein unangenehmes Gefühl, das sich leicht mit natürlichen Mitteln beheben lässt.

Bei trockenen Lippen:
Da hat meine Mama uns Kindern gern Topfen mit Honig angerührt. Diesen Balsam trägt man auf die Lippen auf, lässt ihn gut fünf Minuten einwirken und wäscht ihn dann mit lauwarmem Wasser wieder ab.

Noch ein paar Kälteschutz-Tipps:
Das Wichtigste bei kaltem Wetter ist ein warmer Kopf, denn mehr als ein Drittel unserer Körperwärme geht über den Kopf verloren. Deshalb rate ich bei Kälte grundsätzlich zu Haube und Schal.
Wenn Ihre Hände häufig der Kälte ausgesetzt sind, können Sie sie mit Schmalz oder Öl einreiben und über Nacht dünne Baumwollhandschuhe darüber anziehen.

Mein Tipp bei besonders rauen Händen:
Schon meine Oma und auch meine Mama haben sich folgendermaßen zu helfen gewusst: Mit einem wohltuenden pflegenden Handbad aus Buttermilch und Öl.

Zutaten: 200 ml Buttermilch und zwei EL gutes Öl.
Die Buttermilch leicht erwärmen und das Öl hineinrühren.
Oder:
Legen Sie Ihre Hände in gut abgekühltes Kochwasser von Erdäpfeln. Es macht trockene, spröde Hände spürbar weicher.
Wichtig! Handschuhe sind draußen bei Kälte unverzichtbar. Fäustlinge halten bei gleicher Qualität wärmer als Fingerlinge, da sich die körpertemperierten Finger gegenseitig wärmen können.

Und weil wir uns in der Adventzeit recht gern mit Freunden beim Punschstand im Freien treffen, länger verweilen und gar nicht merken, dass uns eigentlich schon ziemlich kalt ist, und wir knapp an einer Verkühlung vorbeischrammen – anbei mein Rezept für die gute Hühnersuppe. Warum genau sie vor und bei Erkältungen tatsächlich hilft, ist medizinisch gesehen noch eine Grauzone. Aber sie hilft!

MEINE HÜHNERSUPPE:

Zutaten:
1 kg Hühnerklein
(z.B. Flügel, Hals, Magen, Herz)
1 Zwiebel
Suppengrün
(Karotte, Zeller, gelbe Rübe, Petersilwurzel)
Maggikraut
Petersilie
5 Pfefferkörner
1 Lorbeerblatt
Salz
ein Stück Ingwer
(damit die Suppe wärmt)
eine Eischale
(immer zu der Suppe geben, da wird die Suppe schön klar).

Anleitung:
Hühnerklein waschen, in 1½ l kaltem Wasser zustellen und zum Kochen bringen. Gemüse waschen, putzen und mit den Gewürzen in die Suppe geben. Auf die Eischale nicht vergessen!

Offen bei kleiner Hitze ca 45 Minuten kochen. Abseihen und Gemüse, Hühnerklein klein schneiden. Man kann auch etwas Ingwer zusätzlich hineingeben.
Abschmecken und am besten mit Suppennudeln servieren.

WEIHNACHTSPUTZ:

Um das Weihnachtsfest besonders glanzvoll zu gestalten, durfte der Weihnachtsputz in keinem Haus fehlen. Vom Fenster-Putzen bis zum Boden-Schrubben – alles wurde wieder auf Hochglanz gebracht! Meine Tipps, um dies effizient zu gestalten, haben Sie bereits in den voran gegangenen Kapiteln gelesen. Haben Sie nicht? Dann tun Sie's jetzt.

Was besonders vor den Feiertagen im Dezember wichtig ist: Das Abtauen der Gefriertruhe bzw. des Gefrierfachs. Gerade jetzt hätten wir viele Lebensmitteln zum Einfrieren, aber das Eis, das sich über die Monate angesammelt hat, nimmt Platz und nicht zuletzt Energie weg.

Abtauen der Gefriertruhe oder -schrank
Sobald sich Eis an den Wänden des Tiefkühlers bildet, ist es eigentlich höchste Zeit, das Gerät abzutauen. Am liebsten mache ich es, wenn es draußen so richtig kalt ist. Warum? Das ist dann gleich der beste Platz, die Lebensmittel aus dem Tiefkühler zwischen zu lagern (Entweder im Garten, auf dem Balkon oder der äußeren Fensterbank)
Sind alle Lebensmitteln aus dem Kühler ausgeräumt, stellt man am besten eine Schüssel mit heißem Wasser in den Gefrierschrank und schließt die Tür.
Nach einiger Zeit fällt das Eis von selber runter oder es lässt sich ganz leicht lösen. Aufpassen, dass das Abtauwasser nicht gleich eine Überschwemmung verursacht. Ich stelle am liebsten ein Backblech auf den Boden des Gefrierschranks und sicherheitshalber lege ich auch noch ein paar Handtücher auf dem Fußboden.
Nach dem Abtauen wische ich den Gefrierschrank mit lauwarmem Essigwasser ab, dann gut nachtrocknen und schon kann man die Lebensmittel wieder einräumen.

Meine Tipps zum Einfrieren:
• Alle Lebensmittel, die man einfriert, müssen frisch und in bester Qualität sein.
• Die ideale Temperatur ist ca -18 Grad.
• Nicht vergessen: Flüssigkeit dehnt sich beim Einfrieren aus!
• Schon einmal eingefrorene Lebensmittel dürfen nicht nochmals gefroren werden.
• Ein gutes Ergebnis beim Tiefkühlen erreicht man, wenn man das Lebensmittel so schnell wie möglich friert (Schockfrieren).
• Beim Tieffrieren keine Plastiksackerl verwenden, sondern spezielle Tiefkühlsackerl, da diese viel stärker sind und man somit dem Gefrierbrand vorbeugt.
• Immer von Vorteil ist, wenn man die Lebensmittel vakuumverpackt. Je weniger Luft im Sackerl, desto länger ist die Haltbarkeit.
• Ein loses Einfrieren (z.B. bei Früchten) ist oft von Vorteil.

MEINE LIEBLINGS-HELFERLEINS IM HAUSHALT:

Bei mir zu Hause ist es sauber. Dabei putze ich aber sicher nicht täglich den Fußboden, überziehe das Bett neu oder wasche allwöchentlich meine Vorhänge.

Über Generationen hinweg wurde ohne Chemie geputzt und es ist noch immer alles sauber geworden. Das Wichtigste war damals und ist es heute noch: **Wasser, Wasser, Wasser!** Ich möchte Sie nun einladen, einen Blick in mein Putzkasterl zu werfen, um Ihnen die für mich unentbehrlichen Haushaltshelferlein vorzustellen, meine Basisausstattung sozusagen: Meine Schatzkiste!

Allzweckreiniger:
Ich bin ein Fan von Allzweckreiniger! War er früher in nahezu jedem Haushalt eine Selbstverständlichkeit, so gibt es heute für alles und jedes ein Spezialprodukt. Dabei reicht ein einziges Produkt wie der Allzweckreiniger völlig aus.

Essig:
Meine Oma und auch meine Mama putzten fast alles mit Essig. Er war nicht nur immer griffbereit, sondern auch billig. Er reinigt pflegt und entkalkt heute ebenso gut wie früher.

Gebissreinigungstabletten:
Reinigungstabs zur Pflege der dritten Zähne sind oft wirksam, wo sonstige Produkte ihren Dienst versagen. Wie etwa bei braunen Rändern in Glasvasen oder Schwarztee-Flecken in Thermoskannen.
Einfach zwei bis drei Tabs reingeben, genügend Wasser dazu, einwirken lassen und gut ausspülen!

Haarshampoo:
Es wirkt entfettend. Zum Beispiel bei Flecken auf der Polsterbank in meiner Küche: Ich gebe das Shampoo zum Wasser und reibe die Polster großflächig ab, wische mit klarem Wasser nach und lasse alles gut trocknen.

Mikrofasertücher:
Sie sind zum Abstauben und Reinigen unentbehrlich für mich. Ein No-Go ist die zusätzliche Verwendung von Putzmitteln, denn diese verkleben die Tuchoberfläche, wodurch der Schmutz nicht mehr ordentlich aufgenommen werden kann.

Nylon- oder Perlonstrümpfe:
Alte Strumpfhosen sind multifunktional. Sie eignen sich hervorragend zum Nachpolieren von Fensterscheiben oder Schuhen, als „Trockner" für Crashstoff und vieles mehr.

Schmutzradierer:
Der Schmutzradierer, nicht zu verwechseln mit einem Schulradiergummi, ist ein unverzichtbares Utensil in meinem Schatzkasterl. Wirkt gut gegen Bleistift- oder Kugelschreiberstriche. Verwenden Sie ihn bitte niemals zusammen mit Putzmitteln.

Soda:
Soda ist ein altbewährtes Reinigungsmittel und ein hervorragender Fettlöser. Es kann für die Wäsche als auch im Badezimmer und in der Küche Verwendung finden.

Zahnbürsten:
Ich sammle alte und vorzugsweise weichere Zahnbürsten. Sie sind ideale Helferlein für etliche „Putzwinkel", die man kaum anders erreicht.

Gallseife:
Ein Naturprodukt aus Kernseife und Rindergalle. Mein altbewährtes Fleckenmittel zur Vorbehandlung waschbarer Textilien.

MEINE KLEINE KRÄUTERFIBEL:

Sie haben es während des Lesen meines Hausbuchs sicher bemerkt: Ein Leben ohne Kräuter ist für mich unvorstellbar! Ob im Brauchtum, in der Küche oder in der Hausapotheke – Kräuter sind wahre Allrounder und kostbare Schätze unserer Natur. Längst braucht man keinen Garten mehr, um sie zu pflanzen. Dafür reicht oft ein Balkon oder auch ein kleines Fensterbrett.
Und doch gilt es vor allem in der freien Natur einiges zu beachten:

Oberster Grundsatz:
Pflücken Sie nichts, was sie nicht genau kennen!

Ort:
Sammeln Sie nur dort, wo gute Luft herrscht und Sie ungedüngte Wiesen vorfinden. Ideal ist es auch, wenn es wenig bis gar keinen Autoverkehr gibt.

Zeitpunkt:
Am besten für Blüten und Blätter ist das Pflücken am Vormittag an sonnigen Tagen – nach dem Morgentau.
Die Pflanzen sollten möglichst schnell verwendet bzw. verarbeitet werden (mit Ausnahme von z.B. Beifuß und Waldmeister – sie entfalten ihr Aroma erst beim Anwelken).

Zusammenfassung zum Ernten:
• Blüten immer zu Beginn der Blütezeit.
• Blätter in der Mitte der Blütephase
• Früchte zum Reifezeitpunkt
• Wurzeln entweder im Frühjahr oder im Herbst, jeweils vor und nach der Keimzeit.

TROCKNEN und AUFBEWAHREN:
• Je kürzer die Trockenzeit, desto besser ist das Aroma.
• Dazu eignen sich luftige Dachböden oder einfach ein trockener Raum mit Durchzug.
• Pflanzen sortieren, von Fremdkörpern befreien, locker auf einem Brett, Tuch oder Papier ausbreiten und von Zeit zu Zeit wenden.

Mein Tipp: Kräuter sollten gut trocken, aber nicht dürr sein, sonst zerbröseln sie.
Kräuter, die schon von Natur trocken sind, zu Büscheln binden.
Wurzeln vor dem Trocknen mit Wasser und Bürste säubern, dicke Wurzeln spalten und im warmen Backrohr oder in der Sonne trocknen.

Sammeln nach dem Mond:
Blüten und Blätter:
Zur Blütezeit, und will man die Blätter später trocknen oder verarbeiten, so wählt man einen Blatttag im zunehmenden Mond.
Blüten (vor allem für Blütenessenzen) ebenfalls nur bei zunehmendem Mond (= nach dem Neumond) sammeln und zwar an einem Blütentag.

Saft:
Wird im Frühsommer gesammelt bei zunehmendem Mond.

Wurzeln:
Gräbt man im Frühjahr aus, wenn die Pflanze zu treiben beginnt. Oder im Herbst, wenn das Kraut abgereift, aber noch erkennbar ist. (Am besten nach Sonnenuntergang graben, bei Vollmond)

Samen und Früchte:
Erntet man zur Reifezeit, am besten um den Vollmond herum an Fruchttagen.

MEINE LIEBLINGSKRÄUTER:

Brennnessel:
Verwendete Teile: Blätter, Samen, Wurzel
Eigenschaften: cholesterinsenkend, blutreinigend, wassertreibend.
Sie wächst überall und gehört zu den beliebtesten Heilpflanzen.
Im Frühling verwende ich die jungen Triebe für Spinat und Suppe. Nesselsamen sind ein Mittel besonderer Art: Sie regen die Körperfunktion an und sind ein (auch im sexuellen Bereich) stärkendes Tonikum. Ein richtiger Lebenswecker! Die Samen können auch auf ein Brot gestreut, in Brot eingebacken, und zu Gemüse oder Salatmarinade gegessen werden.
In der Tierheikunde hat die Brennnessel Tradition. Pferden gibt der Samen im Fressen Feuer und Kraft. Hunden und Katzen sollte man etwas getrocknete Brennnesselblätter unter ihr Futter mischen, ihr Fell wird glänzend und widerstandsfähig. Kühe geben mehr Milch, wenn sie im Winter täglich 1 Trockenbüschel Brennnesseln fressen. Hühner legen mehr Eier, wenn man ihnen Samen untermischt.
Die Brennnessel ist überdies ein uraltes Pflegemittel für das Haar. Sie fördert den Haarwuchs, wirkt gut gegen Haarausfall und bringt Glanz ins Haar.

Spitzwegerich:
Verwendete Teile: junge Blätter, Blüten, Samen, Wurzeln Eigenschaften: kühlend, hustenlindernd, zusammenziehend, heilend, blutreinigend. Man verwendet den Wegerich heute vor allem bei Husten.
Zur äußerlichen Anwendung werden frische Blätter zwischen den Händen zerrieben und aufgelegt, danach fixiert und zwar bei Verletzungen, blauen Flecken und offenen Wunden.
Frischer Pflanzensaft wirkt dem unangenehmen Juckreiz nach einem Insektenstich entgegen, das gilt für Wespen-, Bienen- und Gelsenstiche. Man reibt die Blätter zwischen den Händen, bis der Saft austritt und legt den Pflanzenbrei auf die verletzten Stellen. Noch besser ist es, wenn man die Blätter in den Mund nimmt, kauen bis sie sich gut mit Speichel vermischen und auf die betroffene Stelle geben. Speichel wurde oft als Bettlerbalsam bezeichnet.
Spitzwegerichblätter passen auch sehr gut in die Kräuterbutter oder in Kräutersuppen. Achtung: Schmeckt etwas herb!
Um die Wirkung zu verstärken, kann man 2-3 Stängel Thymian bei der Abkochung dazu geben.

Ringelblume:
Verwendete Teile: Blüten
Eigenschaften: wundheilend, antiseptisch, entzündungshemmend.
Man sagt, wenn die Blätter in der Früh geschlossen sind, kündigt sich schlechtes Wetter an. Die Blüten werden in der Früh bei trockenem Wetter gepflückt, auf Papier ausgebreitet und im „lichten Schatten" getrocknet. Ringelblumenblüten sind in vielen „Fertigtees" enthalten, denn sie unterstützen mit ihren guten Eigenschaften jede Kräuteranwendung. Man sagt, sie sind gut gegen Gallenprobleme, Ma-

genschmerzen und man sagt, sie regen den Entgiftungsprozess unseres Körpers an. Die Ringelblume ist das Kraut für die Haut, sie soll pflegen und kleine Wunden und Reizungen heilen. Bekannt geworden ist die Ringelblume aber vor allem durch ihre ausgesprochen heilende Wirkung bei äußerlichen Wunden. Die Salbe kann als Handcreme für arbeitende Hände verwendet werden. Sehr gut ist, wenn man Ringelblume mit Kamille ergänzt.

Zwiebel:
Verwendete Teile: Zwiebel
Eigenschaften: harntreibend, hustenlindernd, gallensaftbildend.
Man sollte den Zwiebel nicht bei zunehmendem Mond setzen, sonst schießen sie in die Höhe.
Oma sagte immer: *„Am Karfreitag gesteckt, gedeihen sie gut, das kommt von den Tränen, die an diesem Tag um den lieben Gott geweint wurden."* Der Duft von Rosen wird intensiver, wenn man eine Zwiebel zu ihnen setzt. Im Garten sollten immer einige Zwiebeln auch im Winter stehen bleiben, sie blühen dann im zweiten Jahr.
Konservieren/Aufbewahren:
Man lässt am Beet trocknen, entfernt Blätter und lose Schalen ohne die Zwiebel zu verletzen und lagert sie an einem kühlen, trockenen Ort. Neben dem Knoblauch ist die Zwiebel ein sehr gesundes vielseitiges Gewürz in der Küche. Das beißende, schwefelhaltige ätherische Öl, das einem beim Schneiden das Wasser in die Augen treibt, sorgt für eine gründliche Darmreinigung. Wer es nicht verträgt, kurz in kochendes Wasser tauchen. (Zwiebel schälen, heiß abwaschen.). Die Zwiebel wirkt antibiotisch, sie tötet Keime und Bakterien und ist ein entwässerndes Gemüse.
Oft hilft das Riechen an einer Zwiebel auch gegen Nasenbluten. Gehackte Zwiebel im Sackerl ans Ohr gelegt, helfen gegen Ohrenschmerzen. Mit Hühnerschmalz vermischter Zwiebelsaft heilt Druckstellen an den Füßen.
Zwiebelsaft (auch Knoblauch) wirkt sofort lindernd, wenn er auf frische Bienen- oder Wespenstiche aufgetragen wird.

Schafgarbe:
Verwendete Teile: obere Hälfte der Pflanze. Eigenschaften: entzündungshemmend, antiseptisch, krampflösend, verdauungsfördernd. Normalerweise blüht sie weiß, kann aber auch – vor allem in höheren Regionen – hellrosa sein.
Schafgarbe soll wegen ihrer guten Eigenschaft in keinem Kräutertee fehlen. Sie ist DAS Frauenkraut und als Allheilmittel mit der Kamille zu vergleichen.
In der Schafgarbe sind alle 12 Schüsslersalze enthalten. Man kann die Schafgarbe auch das Pflaster der Natur nennen. Wenn man unterwegs ist und sich verletzt, nimmt man am besten einige Blättchen, zerreibt sie in der Hand und trägt dann den austretenden Pflanzensaft auf die Wunde auf. Das ätherische Öl der Pflanze verhindert Entzündungen und beschleunigt die Wundheilung. Im Frühjahr nehmen wir die jungen Blätter für Aufstriche, Salate, etc.
Wo sich Schafgarbe im Garten ansiedelt, sollte sich der Gärtner freuen, denn sie verleiht den Nachbarpflanzen größere Widerstandsfähigkeit und verstärkt ihren Duft. Einige fein gehackte Blätter beschleunigt die Verrottung im Komposthaufen. Gemeinsam mit Holunderblüten ist Schafgarbe ein Erste-Hilfe-Kraut, wenn eine Erkältung im Anzug ist. Junge Schafgarbenblätter sind super in Suppen und Salaten. Als Gewürz ver-

bessert Schafgarbe die Verdaulichkeit von fettem Fleisch. Die Salbe aus dem Kraut gehört zu den besten Heilsalben und kann auch bei Hämorrhoiden eingesetzt werden.

Kamille:
Verwendete Teile: Blumenköpfe
Eigenschaft: entzündungshemmend, wundheilend, beruhigend.
Immer schon ist die Kamille ein guter Begleiter. Ihre Samen überdauern im Boden bis zu 100 Jahren!
Kamille wirkt appetitanregend, wundheilend, und ist gut für den Magen. Bei Hautproblemen macht man Waschungen oder Bäder. Das ätherische Öl der Kamille ist blau. Die echte Kamille erkennt man an ihrem hohlen Köpfchen. Wenn man das Blütenköpfchen in der Mitte teilt, sollte es innen hohl sein – das ist die echte Kamille, nicht die Hundskamille.
Bei **Erkältungen** lindert die Kamille den Schnupfen, sie hilft auch bei Halsschmerzen und Entzündungen. Bei Erkältung mehrmals täglich Kamille trinken, ist auch Husten dabei, dann auf Honig nicht verzichten. Das Frauenmittel ist auch ein gutes Kraut für Kinder. (Schon der erste Tee darf ein Kamillentee sein).
Beim **Inhalieren** mit Kamillentee weiten sich die Bronchien und erleichtern den Abtransport von Schleim und Sekret. Der Tee eignet sich für Waschungen bei unreiner Haut für Fußbäder (mit einigen Tropfen Kamillenöl und etwas Salz). Bei **Augenschmerzen** und **Bindehautentzündung** kocht man Kamillen in Milch und macht warme Umschläge über die Augenpartie. Auch bei Entzündungen der Harnorgane kann man mit Kamillentee einiges erreichen. Da die Kamille sehr beruhigend und antibakteriell wirkt, wird sie gerne als Pflegeöl bei Babys verwendet.

FREUNDLICHE NACHBARN IM GARTEN:

Bestimmte Kräuter leisten verlässliche Nachbarschaftshilfe!
Auch kann man Kräuter in der Mischkultur verwenden, da ihr aromatischer Duft Schadinsekten fern hält und ihr Wurzelsystem bodenverbessernd wirkt.
Zudem werden auch Schädlinge im Wurzelbereich ferngehalten.
Auch manche Kulturpflanzen können zu Gartenhelfern werden. Im Garten ist es eben auch nicht anders als in so manch menschlichen Wohngemeinschaften. Da gibt es Nachbarn, die einander mögen, helfen und voneinander profitieren.
Basilikum zwischen Tomaten und Gurken lockt Bienen an und fördert die Befruchtung der Blüten. Folglich wird der Ertrag dieser Pflanzen gefördert. Außerdem wirkt der Duft negativ auf Schädlinge und beugt Schädlingsbefall vor.
Vorsicht bei Basilikum – zieht Schnecken an!!!
Tipp: beim Basilikum unbedingt einige Blüten aufblühen lassen!
Dill und **Sellerie** bei **Kohl** wirken vorbeugend gegen den Kohlweißling. Der Duft dieser beiden Pflanzen wirkt abwehrend gegen diesen lästigen Schädling.
Knoblauch hilft **Erdbeeren** und **Gurken** gut zu gedeihen. Die Wurzelausscheidungen des Knoblauchs wirken wachstumsfördernd auf Erdbeeren und Gurken. Ferner schützt Knoblauch seine Gemüse-Nachbarn vor Pilzkrankheiten.
Lavendel bei **Rosen** wirkt vorbeugend gegen Blattläuse. Der Duft hält diesen lästigen Schädling von Rosen ab.
Tipp: bei Lavendel und Rosen die unterschiedlichen Bodenansprüche beachten!
Salat hält Erdflöhe von Kohlrabi fern.
Minze bei **Obstbäumen** in Baumscheibenpflanzen wirkt vorbeugend gegen Pilzerkrankung wie Mehltau und Birnengitterrost.

DANKE

Ich möchte mich bei allen bedanken, die mich ermutigt haben, meine Erlebnisse, meine Erinnerungen und meine Erfahrungen niederzuschreiben.

Ein großes Danke meinem Mann Peposch und meinen Kindern Nathalie und Madeleine – sie schenkten mir die Zeit, die ich zum Zusammentragen meines Wissen brauchte.

Ohne die wunderschönen Bilder, wäre dieses Buch nur ein halbes, danke Barbara!

Erzählen und reden zählt sicher zu meinen Stärken, diese aber für jeden verständlich und zum Erlebnis zu machen, das hat Isi geschafft, vielen Dank!

Bild und Text zu einer Symbiose zu führen, war eine der großen Herausforderungen! Saskia, du bist die wahre Heldin – Ganz großes Danke, es ist dir voll gelungen, nicht nur ein Buch zu gestalten, sondern aus meinem Buch sicher einen Bestseller zu machen!

Mit Birgit durfte ich eine Verlagsleiterin kennen lernen, die nicht nur mit viel Wissen an die Arbeit geht, sie hat auch ein großes Herz und sehr viel Gespür für Schönes und Wertvolles – danke, dass du mir dein Vertrauen geschenkt hast!

Es ist schön, mit euch allen meine Erinnerungen teilen zu dürfen!
Elisabeth

NOTIZEN